Jens Oliver Haas

101 Gründe, ohne Frauen zu leben

Zu diesem Buch

Mit messerscharfer Logik beweist Jens Oliver Haas, daß der Mann für das Zusammenleben hervorragend geeignet ist – nicht jedoch mit einer Frau. Das Ergebnis bestätigt, was wir im stillen schon immer wußten: Die Frau, ob als Mutter, als Mitbewohnerin, Freundin oder Ehefrau, macht das Leben des Mannes zum Martyrium. Mütter stricken ihren Söhnen babyblaue Pullover, um sie zu demütigen, Mitbewohnerinnen schleppen fremde Männer in die WG, um das Selbstwertgefühl ihrer Mitbewohner zu zerstören, und Freundinnen stellen den Radiowecker auf die absurdesten Zeiten. Augenzwinkernd erzählt Jens Oliver Haas aus dem Leben eines geplagten Mannes – amüsant und herzerfrischend für Menschen beiderlei Geschlechts.

Jens Oliver Haas, geboren 1967 in Frankfurt am Main, arbeitet als Drehbuch-, Fernseh- und Buchautor. Er lebt in Köln und ist nicht verheiratet.

Jens Oliver Haas
101 Gründe,
ohne Frauen zu leben

Piper München Zürich

Aus der Reihe »101 Gründe« liegt in der Serie Piper außerdem vor:
101 Gründe, kein Fernsehen zu gucken (Jens Klocke, Laabs Kowalski; 3166)

Ungekürzte Taschenbuchausgabe
Piper Verlag GmbH, München
1. Auflage Oktober 2000
3. Auflage Oktober 2001
© 1999 Rake Verlag, Kiel
Umschlag: Büro Hamburg
Stefanie Oberbeck, Katrin Hoffmann
Umschlagabbildung: Jerome Tisne / Tony Stone
Foto Umschlagrückseite: Daniela Esser
Gesamtherstellung: Clausen & Bosse, Leck
Printed in Germany   ISBN 3-492-23165-9

INHALT

GUTEN TAG!

Schön, daß Sie dieses Buch aufgeschlagen haben. Bevor Sie jetzt voreilig weiterblättern, lassen Sie uns schnell ein paar Sachen klären. Nicht, daß Sie hinterher behaupten, Sie hätten nicht gewußt, auf was Sie sich einlassen.

Dieses Buch enthält Wahrheiten. Beeindruckende Feststellung, nicht? Nun sind aber nicht alle Wahrheiten auch für jeden geeignet. Die Tatsache zum Beispiel, daß Frauen und Männer sich gegenseitig – und nicht nur zum Zwecke der Fortpflanzung – Körperteile gegenseitig ... nun, sagen wir leihweise in den körperlichen Verbund überführen, ist auch eine Wahrheit. Trotzdem wird sie, etwa in Kinderbüchern, nicht überall in all ihren Techniken und Feinheiten erörtert.

Was nicht heißt, daß es in diesem Buch so geschieht!

Die zweite Besonderheit von Wahrheiten ist, daß sie im Auge des Betrachters liegen. Als Martin Luther nach einer durchzechten Nacht aus Jux einen Schmierzettel seiner Frau (»96 Punkte, die sich in unserer Beziehung dringend ändern müssen«) an die Kirche von Wittenberg nagelte, ahnte er nicht, was er damit auslöste. Die katholische Kirche interpretierte sich so lange einen Wolf, bis sie glaubte, die wahre Bedeutung gefunden zu haben. Und aus ein paar eilig gekritzelten Notizen entstand eine neue Glaubensrichtung.

Was nicht heißt, daß es durch dieses Buch so geschieht!

Und die dritte Wahrheit an der Wahrheit ist, daß man sie verbiegen kann wie eine frische Weidenrute. Sie ändert dadurch nicht ihren Status, aber man kann damit herrlich arbeiten und alles mögliche daraus machen.

Was nicht heißt, daß es mit diesem Buch so geschieht.

Was ich damit vorweg sagen will, ist folgendes: Lesen Sie dieses Buch. Lachen Sie, wenn Ihnen etwas lustig vorkommt. Freuen Sie sich, wenn Sie sich bestätigt finden, schmunzeln

Sie, wenn Sie andere wiederzuerkennen glauben. Aber nehmen Sie um Gottes Willen nichts ernst, was Ihnen nicht genehm ist. Glauben Sie nichts, was Ihrem Weltbild abträglich erscheint. Und übersehen Sie alles, was Sie beleidigt.

Das gilt natürlich nur, wenn Sie eine Frau sind. Wenn Sie ein Mann sind, dann vergessen Sie diese Einleitung und lesen einfach los. Es wird Ihnen gefallen.

JOH

I. DER MANN –
EIN KLEINER GESCHICHTLICHER ABRISS

Männer können nicht mit Frauen leben. Das ist keine Behauptung, das ist eine Tatsache. Eine Tatsache, für die wir im folgenden 101 Gründe finden werden. Es liegt uns einfach in den Genen, im Blut und in der Geschichte. Mit anderen Worten: Es ist eine biologisch-historisch bedingte Tatsache, daß der Mann ein Einzelgänger ist. Um Ihnen die Spezies Mann und ihre Eigenarten näher zu bringen, lassen Sie mich etwas ausholen:

Gott schuf den Mann. Und er sah, daß es gut war. Sehr gut sogar. So gut, daß Gott eigentlich rundum hätte zufrieden sein können. Denn siehe: Alles war spitze.

Aber Gott schuf den Mann nach seinem Vorbild. Und da es ein Mensch wurde, kann Gott demnach auch nur ein Mensch gewesen sein. Und Menschen machen Fehler. Statt jetzt alles zu belassen wie es war, vielleicht noch schnell Fußball, schweißabsorbierende Socken und die Zellteilung für Säugetiere zu erfinden, schoß der Herrgott in seinem schöpferischen Eifer etwas über das Ziel hinaus.

»Es ist nicht gut, daß der Mensch allein sei«, sprach der Herr. Unbestritten eine These, der Mann nur beipflichten kann. Wahrscheinlich ging es unserem Urahn auch so, und er freute sich schon auf die kommende Zweisamkeit. Bestimmt hatte er auch schon einen Namen für den Gefährten im Kopf und überlegte gerade, ob er ihm zuerst »Sitz« oder »Bei Fuß« beibringen sollte.

Diese Naivität kostete den Mann eine Rippe und seinen Frieden. Dafür bekam er eine Frau. Bis heute ist die Frage nicht abschließend geklärt, ob das ein fairer Tausch war. Gott jedenfalls hatte scheinbar ein schlechtes Gewissen, denn der Mann bekam dann doch noch seinen Hund.

Wie alle großen Irrtümer der Geschichte, begann auch dieser Schöpfungsakt mit Zustimmung und Begeisterung. Ich muß nicht daran erinnern, daß die Indianer auch jubelten, als Kolumbus in ihr Leben trat. Und daß dieser Jubel gleichzeitig der Abgesang auf eine Hochkultur war. Und genau wie später Häuptling Rothaut stellte sich auch Häuptling Blödmann hin und sprach: »Danke, Herr. Und das mit der Rippe ist auch in Ordnung. Eine weniger, die brechen kann.«

Dies war dann auch die Geburtsstunde einer Fähigkeit, die den Mann fortan auszeichnete: Sich alles irgendwie schönreden zu können.

Obwohl das Reden keine der Fähigkeiten war, die den Mann im Zuge seiner weiteren Entwicklung auszeichneten. Auch in der Genesis tat der Mann erst einmal etwas, daß es ihm noch heute, also Jahrhunderte später, erlaubt, wenigstens den kleinsten Teil seines Stolzes nicht runterschlucken zu müssen: Er konzentrierte sich auf das, was uns die Frauen damals wie heute nicht wegnehmen oder nachmachen konnten und können – er zeugte Kinder. Und was für Kinder! Zwei stramme Jungs, von denen der eine, nämlich Kain, sobald er kräftig genug war, dem anderen, nämlich Abel, mit einem Knochen den Schädel einschlug.

Und dieser Kain wurde dann zum Stammvater der Menschheit. Bitte ersparen Sie mir darauf zu antworten, mit welcher Frau er denn diese Menschheit gründete, wenn seine Eltern doch die ersten und einzigen Menschen gewesen sein sollen. Bestimmt hat die Kirche dafür eine Erklärung, die nicht im Gegensatz zu den Inzest-Paragraphen unserer Gesetzgebung steht. Aber die Kirche konnte ja auch schon wunderbar erklären, daß während der Sintflut alle Tiere, die nicht auf Noahs Arche waren, ertranken. Sogar die Fische.

Mit Ihrer Erlaubnis entfernen wir uns jetzt etwas vom Lauf der Dinge, wie er in der Bibel beschrieben wird, und wenden uns den Tatsachen zu. Machen wir ein bißchen in Geschichte. Der Geschichte des Mannes.

Der Mann auf der Schwelle vom Affen zum Menschen war ein Tier. Das gleiche Prädikat heften sich seine Nachfolger auch heute noch gerne an. Die einzigen Gemeinsamkeiten liegen dabei aber meistens im Geruch sowie der Angewohnheit, sich zu allen passenden und unpassenden Gelegenheiten im Schritt zu kratzen. Haben Sie sich übrigens jemals gefragt, warum Mann das tut? Haben Sie je eine Frau gesehen, die sich zwischen den Beinen kratzt? Und ist Ihnen jemals aufgefallen, daß dieses Phänomen zunimmt, je weiter Sie sich in den Süden begeben? Man könnte meinen, daß, je südlicher man lebt, desto größer die Angst wird vor dem Verlust von ... ja, vor dem Verlust von was eigentlich? Vor dem Verlust von ca. 200 Gramm Zellgewebe, das sich nur durch das Blut definiert, das – hoffentlich zum gewünschten Zeitpunkt und in ausreichender Menge und Dauer – hindurchströmt? Oder soll der Griff in die Privatsphäre nur Angst vor dem Verlust und damit die Existenz des Wackelkandidaten Potenz aufzeigen? Wie der prüfende Griff zur Brieftasche das sicherste Indiz für mitgeführte Finanzmittel ist?

Ich kann Ihnen die Frage auch nicht beantworten. Vielleicht, weil bei mir alles zur Zufriedenheit aller Beteiligten funktioniert und sicher an seinem Platze ist. Ich habe gerade noch mal nachgeschaut.

Zurück zum Thema: Der Mann im Zeitalter von ungeheizten Höhlen, rohem Fleisch und fehlender Hygiene. Wonach klingt das nur? Richtig: Nach Junggesellenleben oder der Urzeit. Und mit der wollen wir uns jetzt beschäftigen.

Wie war damals die Beziehung zwischen Mann und Frau? Nun, zuerst einmal muß man wissen, daß der Mann ein Jäger war. Was sowohl für die Nahrung als auch die Frauen galt. Das heißt, er näherte sich seiner Beute nur, um Grundbedürfnisse zu befriedigen. Praktischerweise war die Beute in beiden Fällen stark behaart und wurde mit der Keule ihrer Bestimmung zugeführt. Ein mehr oder weniger wuchtiger Schlag auf den Kopf, und Mammut oder Mami waren fertig zum Vernaschen. Verwechslungen nicht ausgeschlossen, denn der Mann war ja noch nicht der hellste. Und wie gesagt, da war ja noch diese fatale Ähnlichkeit ...

Der Urmann hatte kein Wort für »Liebe«, »Treue« oder »Partnerschaft«. Jaaa, jetzt kommen die ganz Schlauen und sagen: Er hatte ja auch kein Wort für »Mikrowelle«, »Ozonloch« und »Präservativ«. Aber damit liefern sie gleich den Grund mit: Gab's nämlich alles auch noch gar nicht. Die moderne Geschichtsschreibung, die wie alles in zunehmendem Maße in Frauenzeitschriften und auf Duplo-Sammelbildchen stattfindet, will uns zwar die eheähnliche Zweckgemeinschaft unterschieben, aber die Wahrheit ist nun einmal, daß der Mann ein Einzelgänger war. Warum sollte er sich auch an eine Frau binden? Kochen war mangels Feuers noch nicht erfunden, das körpereigene Fell wurde beim Schlafen automatisch gebügelt, und Staubwischen war eine Tätigkeit, die dem Versuch geähnelt hätte, die Luft in den hohlen Händen aus der Höhle zu tragen.

Womit wir eine Tatsache hätten, die wir uns für den weiteren Verlauf dieses Buches als richtungsweisend notieren – und die den ersten Grund bildet, warum Männer nicht mit Frauen leben können:

1. DIE VERBINDUNG VON MANN UND FRAU IST EINE ERFINDUNG DER ZIVILISATION!

Und diese Tatsache werden wir im nächsten Schritt auf dem gemeinsamen Weg, den wir mit unserem Vorfahren jetzt gehen wollen, untermauern. Und dieser Weg führt uns in eine Hochkultur, deren Errungenschaften heutige Wissenschaftler noch immer vor Rätsel stellen: Dem Ägypten der alten Pharaonen.

Ägyptische Pharaonen – da fallen den meisten Gefragten auf Anhieb drei Namen ein: Tutanchamun, Nofretete und Kleopatra. Gut! Gehen wir sie mal durch. Tutanchamun war ein Kind, das noch nicht einmal hinreichend erfolgreich pubertiert hatte, als man es mit ein paar Tonnen Gold im Wüstensand verscharrte. Nofretete, auch Nafteta, Nefertari oder von der Palastwache heimlich »Schnuckelchen« genannt, war entgegen der landläufigen Meinung keine Pharaonin, sondern nur die Frau eines Pharaos. Und Kleopatra war eine Königin, die lange nach der Hochphase Ägyptens mit vollem körperlichen Einsatz ein splitterndes Restreich zusammenzuschlafen versuchte. Und schon höre ich wieder den höhnischen Chor der altklugen Spötter: Ätsch, kein Mann unter den bekannten Namen. Ja, wie bei der Damen-Fußballnationalmannschaft – und zählen Sie doch mal deren Erfolge auf! Es gibt wirklich keinen Grund, sich jetzt unter schrillen Schlachtgesängen ägyptische Hieroglyphen auf die Fahnen der Emanzipation zu schreiben. Denn ähnlich wie im Boulevard-Journalismus treten auch in der Geschichtsschreibung gerne mal die Gestalten ins Rampenlicht, die sich weniger um die Entwicklung der Menschheit verdient gemacht haben, als die, die sich der drei Dünger menschlicher Neugier bedienten: Blut, Sperma und Tränen. Also betrachten wir unter dieser Prämisse noch einmal die Fakten, die uns die drei oben Genannten für die Nachwelt erhalten haben: Der eine, weil er reich und früh starb. Die zweite, weil sie den richtigen Mann geheiratet hatte. Und die dritte, weil sie mit allem schlief, was an der Spitze einer Armee nach Ägypten einzog (zu dieser Zeit kam übrigens in der römischen Kriegsführung der Einsatz einer Vorhut in Mode). Und was lernen wir aus diesem Teil der Geschichte?

2. Frauen benutzen Sex als Waffe

Nun, bleiben wir noch ein bißchen bei Kleopatra. Auch wenn wir die ägyptische Geschichte damit wie einen Film betrachten, von dem wir nur den Abspann sehen. Zwei der berühmtesten Geschichtswissenschaftler unseres Jahrhunderts, die wohl zu den bekanntesten Vertretern ihrer Zunft seit Heinrich Schliemann und Thor Heyerdahl zählen, haben ihr ein Denkmal in Papier gesetzt: Goscinny und Uderzo. Ihnen verdanken wir ein feingezeichnetes Bild einer Königin, die als Musterbeispiel einer emanzipierten Frau gilt. Was also wissen wir von ihr? Sie trank in Essig gelöste Perlen, badete in Eselsmilch und hatte eine bezaubernde Nase. *Das* sind doch die Tatsachen, die die Geschichtsschreibung interessiert. Vor allem jene, die sowieso überwiegend in Frauenzeitschriften und auf Duplo-Sammelbildchen stattfindet. Und da lesen wir dann auch noch, daß Kleopatra ein paar Jahre später von Elisabeth Taylor gespielt wurde. Was übrigens nicht auf die geschichtsverdrehende Behauptung zurückzuführen ist, die Taylor habe die Rolle bekommen, weil sie eine Schulfreundin der Pharaonin gewesen sei. Dieses Gerücht ist bösartiger Rufmord. Tatsächlich war sie eine Schulfreundin ihrer Patentante.

Sie merken gerade, daß das wenig mit Männern zu tun hat, nicht? Aber das ist ja das Schöne an der Belletristik. Solange es mein Lektor durchgehen läßt, bin ich jenseits von Grammatik und Rechtschreibung an keine Regel gebunden, die ich nicht selbst aufgestellt habe. Aber jetzt genug der Beschäftigung mit Frauen, die sich ins Rampenlicht der Geschichte gedrängt haben wie ein Starlett zwischen zwei Oscar-Preisträger. Wenden wir Ägypten einfach den Rücken und uns einer etwas männlicheren Epoche zu: Willkommen im Zeitalter der Ritterlichkeit, der Turniere und der Minne. Willkommen im Mittelalter Europas.

Das Mittelalter heißt Mittelalter, weil man inzwischen Mittel gegen das Alter gefunden hatte. Oder wenigstens gegen den Geruch. Ein mittelalter Käse riecht auch nicht so streng wie ein richtig reifer Harzer Roller. Inzwischen hatte man nämlich das

Bad und die Kleidung erfunden. Und die ließ sich etwas leichter und häufiger wechseln als der eigene Pelz. Mußte aber dafür auch gewaschen werden. Behaupteten jedenfalls die Frauen – und hatten damit einen entscheidenden Schritt auf dem Weg zur Domestizierung des Mannes getan. Betrachtet man auf historischen Stichen, in detailgetreuen Filmen oder in Frauenzeitschriften und auf Duplo-Sammelbildchen Darstellungen von Edelmännern des Mittelalters, fällt etwas sofort ins Auge: Rüschen, Krägen, Spitzen, Seide, Samt, Brokat, Pelz und viel zu enge Hosen. Abgesehen davon, daß diese Aufzählung wie die Ausstattungsliste einer Travestie-Truppe klingt, haben die genannten Stoffe und Verzierungen eine Gemeinsamkeit: Sie sind fast unmöglich zu waschen, ohne Form oder Funktion zu verlieren. Nur den Frauen war es, weiß der Geier wie, möglich – schließlich hatten sie diese Teufelei ja auch ersonnen. Und hinter Frauen-Teufeleien steckt immer System und ein Grund:

3. FRAUEN VERSUCHEN, MÄNNER IN DIE ABHÄNGIGKEIT ZU TREIBEN

Die Kleidungstücke nämlich, die im Mittelalter auf dem Mist der Herren wuchsen, waren erheblich robuster und pflegeleichter. Ein schmuckes Kettenhemd, ein kleidsamer Brustharnisch, ein formschönes Lederwams, als Accessoire ein in seiner Filigranität dennoch wuchtiger Schild, abgerundet durch einen keck am Arm getragenen Morgenstern. Eine Kombination, die mithin nichts zu fürchten hatte als Rost oder einen wuchtigen Schwerthieb.

Verständlich, daß den Frauen diese Kleidungstücke ein Dorn im Auge waren, minderten sie doch ihren Einfluß auf die Herren. Die hingen nämlich nur noch auf dem Turnierfeld im Hof herum, hieben sich mit Holzschwertern auf die Metallanzüge und wuchteten sich gegenseitig mit stumpfen Lanzen von den Pferden. Aber mit den Möglichkeiten, die sich die Weiblichkeit im Laufe der Jahrhunderte zwischen Tisch und Bett zugelegt hatte, erreichten die Damen, daß die Herren ihre eigenen Kreationen nur noch außer Haus trugen. Tja, und da saßen sie dann auf ihren Rössern, gegürtet und gerüstet, mitten in Gottes freier Natur und seufzten sich gegenseitig an. Was tun, wenn man schon mal so rausgeputzt zusammenkam. Ein Turnier war leider nicht möglich, weil man dazu in die Burg mußte. Also tat man das naheliegendste und schlug sich ohne die Regeln des ritterlichen Kräftemessens ganz bourgeois die Schädel ein. Und so kam es zu den blutigen Schlachten und Kriegen des Mittelalters. Und zu einer weiteren Erkenntnis:

4. In der Welt eines Mannes richten Frauen nur Unheil an

Aus diesem Grund wurden lange, glückliche Jahrhunderte hindurch auch auf Schiffen, in Kneipen, Regierungen, Kriegen und der Raumfahrt keine Frauen geduldet.

Eine zweite Raffiniertheit, die sich die Frauen des Mittelalters zur Züchtigung des Mannes einfallen ließen, war die Minne. Die Minne war ein Gespenst, das in den kranken Köpfen einsamer Frauen geboren wurde, die manchmal Jahre auf die Rückkehr ihres Mannes aus Schlacht oder Feldzug warteten. Nun fühlt sich aber eine Frau ohne Sinn und Funktion, wenn sie keinen Mann um sich hat, dem sie drei Dinge antun kann: ihn kritisieren (»Die Herzogs drei Burgen weiter haben schon wieder einen neuen Magier!«), beleidigen (»Wieso hast du eigentlich ein Visier? Ohne siehst du viel schrecklicher aus!«) oder beschimpfen (»Hätte ich bloß auf meine Mutter gehört und wäre ich ins Kloster gegangen. Da sind ja noch die Novizinnen männlicher als du!«). Und so beschlossen sie, daß es zu den Tugenden der Ritterlichkeit gehöre, eine verheiratete Edeldame zu lieben. Und weil nichts das Feuer eines Mannes schneller abkühlen läßt als die Erfüllung, war in der Minne natürlich Sex verboten. Es ging nur darum, die Frau zu begehren, zu bewundern, zu verwöhnen, zu preisen, zu besingen – und sich mit jedem dahergelaufenen Bauernlümmel auf Leben und Tod schlagen zu müssen, der darauf hinwies, daß die Traumfrau eine Nase wie eine Burgzinne, Brüste wie eine runtergelassene Zugbrücke oder eine Figur wie ein Burgfried hatte.

So kam es denn auch, daß die wenigsten Ritter im Bett oder auf dem Schlachtfeld starben. Die meisten fielen in Duellen, auf Turnieren oder wurden von wutschäumenden Ehemännern von der höchsten Zinne geworfen. Denn sobald eine Edeldame sich an den schwärmerischen Buhlereien eines jungen Hitzkopfes sattgenossen hatte, mußte er, dem Lauf des Lebens folgend, dem nächsten weichen. Und das ging am ehesten, indem er nicht nur von der Bildfläche, sondern gleich aus dem Leben verschwand. Denn eine hohe Dame wollte sich ja nicht nachsagen lassen, sie hätte zwei Verehrer. Also gurrte sie dem jungen Heißsporn über ihre Zofe etwas vom nicht mehr zu besänftigenden Feuer des Leibes zu und bestellte den Junker, dessen Hormone eine Vorform dessen, was wir später als Rock'n'Roll kennenlernten, tanzten, zu einer Liebesnacht in ihr Privatgemach. Das gleiche machte sie dann noch mit ihrem Ehemann – und zog sich mit ein bißchen Stickarbeit in einen Eckturm zurück, um auf den einen oder anderen Todesschrei zu warten.

Wir verlassen diese Jahrhunderte der Brutalität und rohen Gewalt und wenden uns einer etwas friedlicheren Epoche zu. Einer Epoche, die dem Miteinander der Geschlechter eine neue Dimension geben sollte: Der Hippie-Ära, auch Flower-Power genannt und in Deutschland mehr in Form der 68er-Bewegung bekannt. Und in den neiderfüllten Erinnerungen derer, an denen sie irgendwie vorbeigelaufen ist, fest mit Drogen, Rockmusik und freier Liebe verbunden.

Einer der schönsten Slogans dieser Zeit war: »Wer zweimal mit der Gleichen pennt, gehört schon zum Establishment«.

Und da biß sich die freie Liebe – die Herren mögen mir das Bild verzeihen – kräftig in den eigenen Schwanz. Wie kann man die freie Liebe propagieren, wenn man ihr mit solchen Richtlinien gleich wieder Beschränkungen auferlegt? Kluge Köpfe, und selbstverständlich auch kluge Köpfinnen, erfanden deshalb sofort den Slogan »Wer nie mit einer zweimal pennt, ist Mitglied in Keith Richards Band« sowie die Losung »Wer immer mit der Gleichen pennt, der weiß nicht, wie ein Tripper brennt«.

Ohne abschweifen zu wollen: Wissen Sie eigentlich, wer die Hippie-Ära erfunden hat? Ist wirklich noch niemand außer mir darauf gekommen? Dabei liegt es doch auf der Hand: Genau wie der Valentinstag ist die Flower-Power eine geschickt inszenierte Innovation holländischer Blumengroßhändler! Ja, an diesen beiden Großereignissen pubertierender junger Menschen haben sich Generationen niederländischer Floristen gesundgestoßen. Ehrlich! Noch heute verbinden wir doch die Hippie-Ära mit drei Dingen: Haschisch, Blumen und Woodstock. Und wo kommen die meisten Blumen her? Aus Holland! Und wo kommt das meiste Haschisch her? Aus Holland! Und wo habe ich meine CD mit den Hits aus Woodstock gekauft? Bei meinem letzten Urlaub in Holland! Na, wenn das nicht Beweise genug sind!

Aber zurück zu den 6oern. Und zwar den 6oern in Deutschland. Eine der Grundlagen, auf denen die neue Gesellschaft nach den Vorstellungen ihrer engagierten Gründerväter fußen sollte, war das Fehlen von Regeln und Autoritäten. Womit die Gruppe der Frauen (oder müßte es nicht stringenterweise »Mann/innen« heißen?) schon mal von vornherein stark benachteiligt war: weil sie sich einer Regel erst mit den Wechseljahren entziehen konnte.

Aber lassen Sie uns die Geisteshaltung der Anti-Autorität mal an der Keimzelle der 68er-Bewegung betrachten: Der Kommune.

Eine Kommune ist eine WG aus gesellschaftspolitischen Gründen. Das heißt, daß jede ihrer Eigenheiten Protesthaltung oder Ausdruck einer neuen Freiheit des Denkens und Handelns bedeutet. Kerngedanke war das »Nicht-Müssen«. Das ging vom »nicht rentenversichert sein müssen«, über das »nicht Haare schneiden müssen«, bis zum »nicht treu sein müssen« – mithin also den Grundlagen von Papas schönem heilen Weltbild.

Eine Kommune zeichnete sich dadurch aus, daß viele Männer und Frauen zusammen in einem Haus lebten, auf dem Boden schliefen, sich nackt fotografieren ließen und alles rauchten, was sich trocknen ließ. Übrigens exakt die Beschreibung, die englische Wissenschaftler von einem Indiostamm abgaben, der vor kurzem in den unberührten Wäldern der Tropen entdeckt wurde. Bis dahin galten sie als ausgestorben. Die Indianer, meine ich, nicht die englischen Wissenschaftler.

Das Leben in einer Kommune richtete sich nach Bedürfnissen, nicht nach Zwängen. Alles wurde also nicht getan, wenn es getan werden mußte oder sollte, sondern wenn es jemand machen wollte. Und aus dieser Begrifflichkeit entwickelten sich dann auch die Schwierigkeiten, an denen die Bewegung letztlich scheiterte. Nehmen wir, um diese Entwicklung an einem Beispiel zu verdeutlichen, einfach mal das ach so spießige und beliebte Klischee des Müllraustragens.

Wie war das nun in einer Kommune? Nun, erstmal gab es natürlich kaum Müll, weil ja alles wiederverwertet oder kompostiert wurde. Meist unter Schränken oder im Treppenhaus. Von dem, was übrigblieb, konnte man noch mal die Hälfte prima trocknen und rauchen. Oder auf Seile auffädeln und an die Touristen verkaufen. Das bißchen, was dann noch übrigblieb, kam in eine Jutetasche und wurde an die Tür gestellt, die natürlich immer auf war. Nicht, weil es sowieso nix zu stehlen gab, sondern weil die Gemeinschaft sich auf Ver-

trauen auch denen gegenüber gründete, die nicht dazugehör-
ten. Und weil es natürlich wirklich nix zu klauen gab. Was
passierte jetzt mit dieser Tüte Müll? Hitzige Diskussionen
innerhalb der Kommune führten zur Bildung von drei
Meinungsblöcken: Erstens die, die der Meinung waren, daß
es durch Hägar-Comics und Sitcoms in der Gesellschaft das
Klischee vom Mann gäbe, in dessen Arbeitsbereich das
Runterbringen des Mülls gehöre, und daß deshalb, um sich
davon zu distanzieren, die Frauen es erledigen sollten. Zweitens die Gruppe derer, die der Meinung waren, daß Müll-
runterbringen trotz aller Klischeevorstellungen de facto in
den Arbeitsbereich der Frau falle und deshalb, um sich von
dieser spießigen Tatsache zu distanzieren, von den Männern
erledigt werden solle. Und drittens die Gruppe derer, die darauf hinwiesen, daß man doch eigentlich über solche verkru-
steten Aufteilungen in Männer und Frauen hinweg sei.
Gruppe Drei wurde daraufhin von Gruppe Zwei als Weicheier
und von Gruppe Eins als Schwuchteln bezeichnet, und es
wurde darauf hingewiesen, daß das vielleicht für die neue
Gesellschaftsform und bei ihnen auch noch für den Sex gälte.
Aber nicht für den Müll!

Und das war dann auch der Ausgangs- und Knackpunkt
einer Entwicklung, die die 68er-Bewegung letztlich beendete,
indem sie sie in drei Strömungen aufteilte: die Emanzipation,
die Schwulenbewegung und die Männergruppen.

Es dürfte Ihnen inzwischen mehrfach aufgefallen sein, daß
unser kleiner Streifzug durch die Geschichte erhebliche Lücken
aufweist. Ich möchte mich deshalb an dieser Stelle für diesen
Sprint durch die Vergangenheit entschuldigen – Sinn und
Zweck des Exkurses war es nur zu zeigen, daß der Rolle des
Geschlechterkampfes eine viel zu geringe Bedeutung in der
Geschichtsschreibung beigemessen wird. Besonders die Rolle
der Frau wird in den Aufzeichnungen geradezu sträflich ver-

nachlässigt. Ich möchte deshalb endlich die Gelegenheit ergreifen, mich im Namen aller meiner Geschlechtsgenossen dafür zu entschuldigen – und den Beweis antreten, daß es überwiegend Frauen waren, die die entscheidenden Wendepunkte der Historie setzten. Und das tue ich mit einer Auflistung wichtiger, aber verschollener Sätze weiblicher Zeitgenossinnen, die Geschichte machten:

- »Natürlich weiß ich, daß es fünf Uhr morgens ist. Aber wenn du mich wirklich liebst, dann besorgst du mir jetzt ein paar Krakauer, Wolferl!« *(Eva Braun, 1939)*
- »Warum hat eigentlich der Mao eine Mauer und du nicht?« *(Frau Ulbricht, 1961)*
- »Wir haben übrigens keinen Zucker mehr, Odysseus. Kannst du auf dem Rückweg von Troja noch einen kleinen Umweg machen? *(Penelope von Ithaka, ca. 12. Jh. v.Chr.)*
- »Komm Schatz, laß uns heute mal offen fahren!« *(Jacky Kennedy, 1963)*
- »Du solltest viel mehr Obst essen!« *(Eva)*
- »Schau mal, wie süß unser kleiner Roy in seinem Kleidchen aussieht!« *(Mrs. Fitzgerald, deren Sohn später als »Rock Hudson« bekannt wurde)*
- »Was macht eigentlich dieser Knopf, Commander?« *(Christa McAuliffe beim Start der US-Raumfähre Challenger, 28.01.1986)*
- »Scheiße, ist das dunkel hier! Schatz, zünde doch mal kurz was an!« *(Poppaea Sabina, Gemahlin des Nero, 64 v. Chr.)*

Soviel zur Reputation der Frau. Und jetzt noch ein letztes Wort zu diesem Thema. Sicher kennen Sie alle den Satz: »Ein Mann ist das, was seine Frau aus ihm macht.« Dieser Satz stammt aus dem Sumerischen und stimmt – aber nur, wenn man ihn richtig übersetzt. Und dem ist in der gängigen Transkription leider nicht so. Richtig übertragen lautet er nämlich eigentlich so: »Ein Mann ist das, was seine Frau zuläßt.«

So, inzwischen dürfte ich mir den Unmut des Klerus, der Historiker, aller Ex-68er und eines Großteils der Frauen zugezogen haben. Mithin also Zeit, diese launige Betrachtung zu beenden und in den folgenden Kapiteln zu schauen, ob ich nicht noch ein paar Gruppen ausgelassen habe.

II. HOTEL MAMA

Ein Geschäftsmann, der nach Deutschland kommt, hat eine Sekretärin, die seine Reiseroute plant. Sie legt den Termin fest, ordert die Flüge und bucht die Hotels. Wenn sie richtig gut ist, organisiert sie sogar das Rahmenprogramm und die weibliche Begleitung.

Ein Kind, das auf die Welt kommt, hat keine Sekretärin. Dafür Eltern. Die planen zwar auch, würden auf Basis einer Anstellung aber spätestens nach der Entbindung fristlos gefeuert. Weil sie zwar ähnliche Aufgaben wie eine Sekretärin haben, ihren Job aber nur äußerst unzureichend erfüllen. Beginnen wir mit den Parallelen zu einer guten Sekretärin: Eltern legen mit der Zeugung den Termin für die Geburt fest, ordern das Krankenhaus für die Entbindung und mieten eine größere Wohnung. Wenn sie richtig gut sind, organisieren sie sogar einen Kindergarten, in dem die Erzieherinnen weniger Bart haben als Papa.

Soweit die Übereinstimmungen. Kommen wir nun zu den kleinen, aber entscheidenden Abweichungen:

Der Termin ist immer falsch gelegt. Warum schreit ein Kind, wenn es das Licht der Welt erblickt? Um seine Lungen zu testen, sagt die Hebamme. Um sich zu beschweren, sage ich! Denn wir alle sind auf unseren großen Auftritt noch gar nicht vorbereitet. Das sieht man doch auch: Wir hatten keine Zeit mehr, uns etwas anzuziehen, wir sind nicht gekämmt und wir haben noch keinen Anwalt. Und den bräuchten wir dringend, wie wir nach dem ersten Blick feststellen. Zuerst ist da dieses Flutlicht: Scheinwerfer mit mindestens 1000 Watt, die wie beim Verhör eines südamerikanischen Terrorregimes auf uns gerichtet sind. Um das ganze zu untermauern, erblicken wir nach dem ersten Schreckensschrei mehrere vermummte Gestalten mit bluttriefenden Händen und Metzgerschürzen inmitten von blitzenden Klingen, obskuren Zangen und einer Schere. Und dazu ein kreidebleicher, wimmernder Vollidiot (offensichtlich ein ehemaliges Folteropfer, das ein paar Elektroschocks zuviel abbekommen hat), der alles mit einer Videokamera filmt und dauernd ohnmächtig wird.

Auch das Krankenhaus ist immer falsch: Wir wollten nicht in diese Klinik! Gekachelte Wände, Schwestern mit Schwielen an Seele und Händen, Fließbandentbindungen und ein Krankenhausname, der an eine Mission in Schwarzafrika erinnert (meist irgend etwas mit »Heilig«, »Sankt«, »Kreuz« oder »Schwester«). Wir wollten in ein exklusiveres Etablissement. Schließlich kommen wir nur einmal auf die Welt und haben ein bißchen Luxus verdient. Also Samt und Tropenholz statt Fliesen und Emaille. Schwestern, die nach Dienstschluß für Pirelli-Kalender fotografiert werden. Entbindungen, für die Olympische Spiele unterbrochen werden müssen, weil die besten Ärzte der Welt alle in den Kreißsaal berufen werden. Und eine Klinik, die nach einem Popstar benannt ist, der mehr Platten verkauft hat als der Vatikan Bibeln.

Weiter geht der Ärger mit den Eltern dann mit der Bleibe, die sie – angeblich extra wegen uns – neu angemietet haben: Wieso hat die Wohnung eine Treppe, aber keine Rutsche. Wieso hat sie einen Sicherungskasten, aber keinen Sandkasten. Wieso liegen dort keine undefinierbaren Sachen auf dem Boden herum, die man sich blitzschnell in den Mund stecken kann, um sie abschmecken und einordnen zu können. Immer, wenn man Spaß haben will, muß man erst aus der Wohnung raus und auf einen dieser »Spielplätze«. Für was also überhaupt diese

Wohnung? Gar nicht zu reden davon, daß alle Sachen, die so schön klirren, wenn man sie runterwirft, auf Schränken stehen, an die wir nicht rankommen. Das einzige, was wir erreichen, sind die Steckdosen. Aber die sind mit Plastikkappen abgedeckt. Und das nennt man dann eine kindgerechte Wohnung!

Und so geht es weiter: Wir werden natürlich in einen Kindergarten gesteckt, der nicht in der Lage ist, unser geistiges Potential zu erkennen und zu fördern. Die meisten dieser Verwahranstalten haben nicht mal einen Computer. Statt dessen stoßen wir auf Frauen mit dem Sprachschatz einer Deutschfibel für Ausländer: »Kevin, nein! Nicht die Enti! Kevin, pfui, pfui, Enti!« Frauen mit der Grazie eines Armeeausbilders und dem Feingefühl eines Polizeihundeführers: »Kevin, aus! Oder will der Kevin Zöpfchen haben wie ein Mädchen?« Dieses Aufeinandertreffen ist dann auch der erste Kontakt mit der Gattung »Pädagogin«, auf die wir in einem der späteren Kapitel noch mal zu sprechen kommen. Bis hierhin müssen wir nur wissen, woran man sie als Kind erkennt: Sie wollen ständig wissen, ob wir zu Hause geschlagen werden und ob unser Papa mit uns badet. Wenn man dann den Fehler macht, ja zu sagen (und welches Kind wurde nie geschlagen und hat nicht mit seinem Papa gebadet?), bekommt man ruckzuck einen Termin bei einer anderen Frau. Die trägt dann immer eine Brille, hat einen Doktortitel, einen langen Doppelnamen und ist ein bißchen aufdringlich, aber lieb. Weil sie uns total tolle Wachsmalstifte gibt. Und mit denen, so fordert sie uns dann auf, sollen wir die Familie malen. Was ein bißchen schwierig ist, weil sie uns dauernd den schwarzen Stift geben will und dazwischenplappert: Ob man den Papa lieb hat, ob man ihn nicht ein bißchen größer malen will, ob der Papa auch eine schwarze Jacke hat, die doch bestimmt auf dem Bild toll aussieht, und ob wir nicht die Sonne kleiner und lieber ein bißchen Regen malen wollen. Letztlich ist es dann aber eigentlich völlig egal, mit welcher Farbe, in welcher Größe oder Gestalt man den Papa abbildet. Der Badespaß ist dann sofort vorbei, Mama weint ständig, Papa schläft auf der Couch und trinkt jeden Abend eine Flasche von dem Zeug, zu dem die Leute im Fernsehen immer ihren Chef einladen.

Sie sehen, gäbe es zwischen Eltern und Kindern ein Anstellungsverhältnis mit gesetzlich geregelten Kündigungsmodalitäten, würden die wenigsten Erwachsenen auch nur die Probezeit überstehen.

Aber Eltern kann man nicht feuern. Weil Kinder nämlich keine Gewerkschaft haben. Und warum haben Kinder keine Gewerkschaft? Weil man für Gewerkschaften Beiträge bezahlen muß. Und dafür bekommen Kinder zu wenig Taschengeld. Und von wem bekommen sie zu wenig Taschengeld? Von ihren Eltern. Und warum bekommen Kinder zu wenig Taschengeld? Weil sie sonst sofort eine Gewerkschaft gründen, Beiträge zahlen und ihre Eltern feuern würden.

Auch die Politiker sind nicht willens, an diesem Mißstand etwas zu ändern. Weil sie natürlich schrecklich befangen sind. Denn Politiker können jederzeit Eltern werden. Aber nie mehr Kind.

Sie sehen: Man ist seinen Eltern hilflos ausgeliefert. Besonders den Müttern.

DIE SACHE MIT MUTTER

Die Beziehung zwischen einem Mann und seiner Mutter ist sehr eigen und sehr eng. Denn auch, wenn er es vergessen hat: Er ist der einzige, der weiß, wie sie von innen aussieht. Außer ihrem Frauenarzt natürlich, aber bei dem hat das rein berufliche Gründe. Auch wenn wir Männer, die wir keine Frauenärzte sind, uns das kaum vorstellen können. In unserer immer pubertierenden Vorstellung ist ein Frauenarzt ein Mann, der morgens mit einem Lächeln auf den Lippen aufsteht und dessen beneidenswerter Arbeitstag mit den Worten beginnt: »Dann machen Sie sich doch mal bitte frei!« Aus eigener bitterer Erfahrung kann ich Ihnen allerdings verraten, wie Sie dieses bohrenden Neids Herr werden. Gehen Sie doch mal mit Ihrer Freundin zum Frauenarzt und sehen sich im Wartezimmer unauffällig ein bißchen um. Und dann bemühen Sie wieder Ihre Phantasie und stellen sich alles textilfrei vor, was sich da Ihrem Auge bietet. Und schon wissen Sie, daß man einen Frauenarzt nicht immer nur am Lächeln, sondern manchmal auch am grünlichen Gesicht erkennt.

Eine Mutter ist auch ein bißchen wie ein Frauenarzt. Auch für sie ist es nicht immer eine Wonne, was sich vor ihren Augen auftut, wenn die Hüllen fallen. Vor allem, wenn wir ihr im Gegenzug zu unserem Wissen ebenfalls zeigen wollen, wie wir von innen aussehen – und einiges davon mit hochrotem Gesicht ans Licht der Welt befördern. Und zwar wann und wo wir wollen. Der Satz »Nicht jetzt, Schatz«, den Männer fürchten wie der Werwolf das Weihwasser – für einen Säugling ist er eine stumpfe Waffe.

Für einen Säugling ist die Mutter Magd, Mätresse und Manager. Und dafür sind wir ihr später ewig dankbar. Sie bleibt immer unsere Mutter. Aber wir auch leider immer ihr kleiner Hosenscheißer. Und damit kommen wir automatisch schon zu den Gründen, warum Männer nicht bei ihren Müttern leben sollten:

5. Für Mama hören wir nie auf, ein Kind zu sein

Diese Fähigkeit zu abstrahieren fehlt ihr. Und das ist eine Tatsache, die wir unter Scham lernen müssen. Etwa, wenn Mutti vor der versammelten Klasse bei der Abfahrt in die Jugendfreizeit den Bus noch einmal anhält. Indem sie wild mit einer Plastikplane wedelt, die sie dann im Bus dem Klassenlehrer überreicht, wobei sie lautstark, um das mitleidige Brummen des Diesels zu übertönen, erklärt, man solle diese noch unter das Bettlaken legen. »Falls dem Kleinen ein Malheur passiert«. In diesem Moment ist das Malheur ohne ihr Wissen natürlich schon passiert, wie wir am feixenden Gesicht des Klassenrüpels sehen. Und natürlich hat Mutti mit der Plane dann letztlich auch noch recht gehabt, weil wir während der gesamten Klassenfahrt nachts die Hand von kichernden Mitschülern in warmes Wasser gehalten bekommen. Und wie das wirkt, muß ich wohl nicht erläutern.

6. Mütter blamieren uns vor unseren Freundinnen

Genau diese Geschichte mit der Plane bekommen wir zehn Jahre später von Mutter noch mal erzählt. Beziehungsweise nicht wir, sondern die Frau, die wir mit stolzgeschwellter Brust zum Frühstück mitbringen. Und zwar mit runter bringen – nämlich aus unserem Zimmer, in dem sie mit uns übernachtet hat. Die Frau, hinter der wir monatelang hergerannt sind, für die wir uns geprügelt haben, für die wir viel zu starke Zigaretten auf Lunge geraucht und mehr Schnaps getrunken haben, als uns lieb war. Die Frau, die wir nur rumgekriegt haben, weil wir in ihren Augen ein bißchen cooler und härter als die anderen waren. *Waren!* Bis zu dieser süßen Geschichte mit der Plane, die Mutter endlich mal wieder jemandem erzählen konnte.

Die natürlichen Feinde einer Mutter sind ein verliebter Sohn und ein Mädchen, das sich zu diesem hingezogen fühlt. In den Augen eines liebenden Mädchens ist ein Junge ein strahlender Held. Einer, der mit jeder Schwierigkeit fertig wird, ihr die Welt zu Füßen legt und sie vor den Unbillen des Lebens beschützt. In den Augen einer liebenden Mutter ist ihr Sohn genau das Gegenteil. Und sie scheut keine Mühe, das Mädchen davon zu überzeugen, daß sie recht hat. Bringt man zum ersten Mal eine

Freundin mit nach Hause, hat Mutter es bestimmt geahnt – und das Bett mit der Schlumpf-Bettwäsche bezogen, die seit zehn Jahren auf den Speicher verbannt ist. Fährt man mit einer Flamme das erste Mal übers Wochenende weg, hat Mutter bestimmt noch mal kurz den Koffer kontrolliert – und beim Öffnen findet man obenauf den zerknautschten und zerkauten Teddy, ohne den man als Kleinkind nicht schlafen konnte. Gibt man zu Hause die erste Grillparty, zu der auch Mädchen eingeladen sind, hat Mutter bestimmt gerade gewaschen. Und auf der Leine im Garten hängen dein alter Supermann-Schlafanzug, vier lange Unterhosen in Babyblau und das alte Bettlaken, auf dem Papa mal Kaffee verschüttet hat – der Fleck ging nie mehr richtig raus und ist als verblichener, uringelber Rand klar zu erkennen. Sie ahnen wohl, welche Assoziationen dieses Stilleben bei den Gästen auslöst ...

7. Es ist widernatürlich, länger als nötig bei Mutter zu wohnen

Der Liebe und Fürsorge einer Mutter kann man sich nicht entziehen. Der Mutter selbst sehr wohl. Durch einen frühen Auszug. Und es ist keine Undankbarkeit, wenn man das tut. Es ist die Liebe eines Sohnes, die darin Ausdruck findet. Ehrlich! Schauen wir uns doch mal an, wie es in der Natur läuft. Etwa bei den Tigern: Sobald der junge Tiger in der Lage ist, auf sich selbst aufzupassen, muß er lostigern. Oder bei den Adlern: Sobald der junge Adler fliegen kann, muß er wegflattern. Oder bei den Nacktschnecken: Sobald die junge Nacktschnecke gelernt hat, sich ordentlich einzuschleimen, schiebt sie ab. Oder bei den Schnaken: Sobald die Biester fliegen können, schwirren sie ab und treffen sich alle zum Umtrunk in meinem Schlafzimmer.

Und was macht die Krone der Schöpfung? Erst pubertieren wir unseren Eltern die Bude voll, dann leben wir bei ihnen noch vier bis sieben Phasen der Selbstfindung aus (Bananenschalen und Pilze rauchen, Haare passend zu den Halluzinationen färben, mit Typen schlafen, deren Geschlecht nur durch einen Bluttest zu bestimmen ist ...), und dann suchen wir – so mit 30 bis 40 Jahren – eine Frau zum Heiraten. Selbstverständlich eine Frau, die wie Mutti ist. Manche halten es dabei auch andersrum: Sie finden eine Frau, die wie Vati ist. Nicht nur bezüglich der inneren Werte, meine ich.

Was hält uns, so völlig entgegen unserer Vorbilder sowohl in der Natur als auch in unserer eigenen Geschichte, so lange am elterlichen Rockzipfel? Zählen wir mal die möglichen Gründe auf:

- Das Essen ist so lecker.
- Ich muß keine Miete zahlen.
- Es ist immer jemand da, wenn ich krank bin oder mich schlecht fühle.
- Ich muß nicht bügeln, Treppen wischen oder Fenster putzen.
- Ich darf Damenbesuch bekommen.
- Ich bleibe ja höchstens noch ein paar Jährchen.

Na, das ist doch eine überzeugende Liste an guten Gründen. Dann bin ich jetzt dran: Gehen Sie doch mal in einen Knast – pardon, eine Justizvollzugsanstalt – und fragen einen Insassen, was das Leben hinter Gittern für ihn ein bißchen angenehmer macht. Sie werden exakt die gleichen sechs Antworten bekommen. Und so folgern Sie richtig, was wir aus dieser Liste als nächsten Grund herausziehen:

8. Die elterliche Wohnung ist ein Knast ohne Gitter

Das schreckt Sie nicht? Gut, dann wollen wir Ihnen die schonungslose Wahrheit noch etwas kräftiger unter die Nase reiben. Oder noch besser: Sie wie einen jungen Hund mit der Nase hineinstoßen.

Mütter hören nicht zu. Nie. Das ist wahrscheinlich nicht mal böser Wille, sondern einfach ihre natürliche Eigenart. Wie das Sabbern bei Bordeaux-Doggen. Oder daß die Schwäne immer in den Süden fliegen. Wenn meine Mutter ein Schwan wäre, würde sie bestimmt den Abflug verpassen. Weil sie nie zuhört. Kleines Beispiel?

SOHN: Mama! Hast du meine schwarzen Schuhe gesehen? Sie stehen mal wieder nicht auf ihrem Platz.
MUTTER: Ach, da bist du! Ich suche dich schon überall. Sabine hat gerade angerufen.
SOHN: Prima! Hat sie etwa die Schuhe gesehen? Ich hab' in einer halben Stunde ein Vorstellungsgespräch.
MUTTER *(abwesend)*: Schön. Sabine war doch jetzt zwei Wochen auf Kreuzfahrt. Hab' ich dir von dem Schiff erzählt?
SOHN: Heute nicht. Aber gestern dreimal. Eigentlich viermal, aber einmal war ich nicht da. Wo sind meine Schuhe?
MUTTER *(genervt durch die Unterbrechung)*: Jaja. Das ist wohl das größte Kreuzfahrtschiff, das je in Deutschland gebaut wurde. Die haben sogar ein Kino mit vier Sälen an Bord. Und weißt du, wer Sabines Decksteward war?
SOHN *(leise)*: Olaf.
MUTTER *(triumphierend)*: Du kommt nie drauf! Olaf!
SOHN *(enthusiastisch)*: Unglaublich. Olaf! Wirklich Olaf. Der immer so gerne schwarze Schuhe getragen hat?
MUTTER *(erfreut ob des Interesses)*: Ja, genau der!
SOHN: So schwarze, wie die, die ich immer zu Vorstellungs- gesprächen trage? Wo sind die eigentlich?
MUTTER *(geht nicht darauf ein)*: Sabine hat ihn gar nicht erkannt. Er hat jetzt einen Bart. Sag mal, gehst du einkaufen?
SOHN *(anklagend)*: Mama! Ich habe in ungefähr 25 Minuten ein wichtiges Vorstellungsgespräch! Hörst du mir überhaupt zu?

MUTTER *(bestimmt)*: Sei nicht albern. Natürlich. Du wolltest wissen, was Sabine erzählt hat.

SOHN *(ironisch)*: Stimmt. Besonders über Olaf. Wußtest du, daß ich mit Olaf geschlafen habe? Im Heroinrausch?

MUTTER *(geistesabwesend)*: Mhmm! Kannst du auf dem Rückweg eine Fernsehzeitung mitbringen? Aber nicht wieder diese mit den Sternen, sondern die andere, die wir immer haben.

SOHN *(genervt)*: Mama!!!

MUTTER *(unwirsch)*: Was ist denn!?

SOHN *(dramatisch)*: Wenn du mir jetzt nicht sofort sagst, wo meine schwarzen Schuhe sind, schieße ich mir eine Kugel in den Kopf!

Mutter schaut mich verdutzt an, dann lächelt sie, wie nur eine Mutter lächeln kann.

MUTTER *(verträumt)*: Weißt du, daß du wie dein Vater bist?

SOHN: Wieso? Hat er sich auch erschossen?

Mutter fährt mir liebevoll mit gespreizten Fingern durch die Haare.

MUTTER: Dein Vater hat sich auch nie gekämmt, wenn er einkaufen ging.

Ich habe den Job übrigens trotzdem bekommen. Der Personalchef hat mir gesagt, weil ich Turnschuhe zum Anzug getragen habe. Und weil ich so gut zuhören kann.

10. Mütter mögen unsere Freunde nicht

Für ihren kleinen Schatz ist nichts gut genug. Jedenfalls nichts, was er sich selbst aussucht. Dazu gehören Kleidung, Spielzeug, Nahrung, Fernsehsendungen und Freunde. Alles, was uns gefällt, ist ungesund, schlecht für unsere Entwicklung, Schund, zu teuer, zu billig oder hat einen schlechten Einfluß auf uns. Ganz besonders natürlich diese üblen Burschen, mit denen wir uns rumtreiben. Nur ist das, was eine Mutter als »übel« bezeichnet, genau das, was unter Kids als »cool« gilt. Und wenn Mutter uns vor den »bösen Jungs« warnt, dann hat sie natürlich recht. Vor den Typen muß man sich ja auch in Acht nehmen. Man muß unbedingt zu ihren Freunden gehören – sonst ist man auf dem Schulhof, dem Sportplatz oder Spielplatz Frei-wild. Aber das kann man einer Mutter nicht begreiflich machen. Ganz im Gegenteil: Sie sabotiert jeden Versuch, den wir unternehmen, um unseren Alltag ein bißchen ruhiger und schmerzfreier zu gestalten. Schenken wir dem Klassenrowdy auf dessen Anraten unsere nagelneue Baseballkappe, steht Mutter am Abend vor der Tür seines Vaters, um das Geschenk zurückzufordern – im Tausch gegen eine Tracht Prügel für den Erpresser. Am nächsten Tag wird dann wieder getauscht: Er bekommt die Baseballkappe wieder, wir die Tracht Prügel.

Die nächste Sabotageaktion reitet Mutter, wenn wir es dann endlich geschafft haben, den Klassenschläger dazu zu bewegen, unsere Geburtstagsparty mit seinem Besuch zu beehren. Natür-lich nur, weil wir ihm versprochen haben, er dürfe die Pistole unseres Vaters sehen und sich ein Spielzeug aus unserem Fun-dus aussuchen. Und dann müssen wir miterleben, wie Mutter den Ehrengast vor den Augen aller Gäste, die nur wegen ihm gekommen sind, an der Haustür abfängt und nach Hause schickt. Die Party ist natürlich ein Fiasko, der nächste Schultag ein Schlachtfest.

Aber es sind nicht nur die wirklich üblen Freunde, die Mutter nicht mag. Es ist eigentlich jeder, der nicht durch das strenge Auswahlverfahren kommt, das sie beim ersten Besuch durchführt. Mit Fragen wie: »Was macht denn Dein Vater beruflich?« Oder: »Wie war denn Dein Zeugnis im letzten Jahr?« Natürlich suchen auch wir uns Freunde danach aus, was deren Vater beruflich macht. Der beliebteste Junge meiner Schule hatte einen Vater, der im Gefängnis saß. Der hatte immer sturmfreie Bude. Und der Vater des zweitbeliebtesten Jungen war Alkoholiker und arbeitete bei Ferrero. Da gab es immer Süßigkeiten ohne Ende, und wir durften jeden Tag die leeren Bierflaschen wegbringen und das Pfand behalten. Aber diese Kriterien hat meine Mutter nie verstanden.

Statt dessen suchen Mütter sich für ihre Söhne immer Freunde aus, die ihrer Meinung nach einen guten Einfluß auf ihren Jungen ausüben. Das sind dann meistens die, die in der Schule nur der Lehrer mag. Und das ist etwas, womit man unter Kindern überhaupt keine Pluspunkte machen kann. Aber genau mit diesem Langweiler (der in Sport eine 5 bekommen hat – das muß man sich mal vorstellen! Das schlechteste Mädchen hatte eine 4!), will Mutter uns mit aller Gewalt verkuppeln. Also meldet sie uns hinter unserem Rücken für die Schach- und Astronomie-AG der Schule an. Was uns dann die nächste Tracht Prügel des Klassenrüpels einbringt.

II. Mütter machen Handarbeiten

»Süüüüüß«, jubelt Mutti, wenn Sohnemann im selbstgestrickten babyblauen Häkelpullover vor ihr steht. Und er bekommt rechts und links ein Küßchen, wird »Schnuckelchen« genannt und in den Schulbus gesteckt.

»Süüüüüüß«, jubeln die Klassenschläger eine halbe Stunde später, wenn Sohnemann im selbstgestrickten babyblauen Häkelpullover vor ihnen steht. Und er bekommt rechts und links eine Ohrfeige, wird »Schwuchtelchen« genannt und in die Kloschüssel gesteckt. Danke, Mutti!

Und danke auch für die anderen schönen Sachen, die Du mir mit Deiner ambitionierten Handarbeit hast angedeihen lassen. Diese schöne, warme Mütze mit den gestrickten Lappen für die Ohren. Mit der ich immer aussah wie Snoopy nach einer

Chemotherapie. Oder die tollen Handschuhe mit diesem praktischen Seil dazwischen, das man durch die Ärmel der Jacke ziehen mußte. So konnte man die Handschuhe nie verlieren. Wirkte aber mit den im Dreck schleifenden Dingern wie ein autistischer Orang Utan. Ganz besonders aber danke ich Dir für die wollenen Strumpfhosen, die ich ausgerechnet immer dann unter meinen Hosen tragen mußte, wenn wir Sport hatten. Wissen Sie, wie brutal Kinder sein können, wenn sie einen zwölfjährigen Knaben in hellblauen Strickstrumpfhosen sehen?

12. MÜTTER SPIONIEREN

Wenn ich jemals einen Geheimdienst gründen müßte, ich würde nur Mütter nehmen. Gegen eine Mutter, die ihrem Sohn nachstellt, ist James Bond ein Abziehbild und Mata Hari eine Stümperin. Eine Mutter braucht keine Waffen, keine Drogen, kein Agentennetz und keine Gewalt. Sie braucht nur ihre Beobachtungsgabe, die schmutzige Wäsche ihres Sohnes, einen kleinen Hausputz und ein paar Telefonate. Diese Erfahrung macht man spätestens, wenn man die ersten Geheimnisse vor einer Mutter zu verbergen sucht. Also mit der Pubertät.

MUTTER: Na, Schatz, wie war es in der Schule. Und wer ist »B.S.«?
SOHN: »B.S.«? Wer soll das sein?
MUTTER: Weiß nicht. Steht in deinem Deutschheft hinten drin. Ist es ein Mädchen?
SOHN: »B.S.« ... das heißt ... das steht für »Biostunde«. Und warum liest du überhaupt in meinem Deutschheft?
MUTTER: Ich habe einen Kuli gesucht. So, »Biostunde«. Ich dachte, es heißt vielleicht »Bettina Seifert«?
SOHN: Wie ... wie kommst du denn darauf?
MUTTER: Och, nur so. Weil du so ein Sexheft mit Bildern von nackten Frauen in dem Spalt zwischen deinem Schreibtisch und

der Wand hast. Und Kondome im Portemonnaie. Und Barbaras Mutter sagt, Bettina Seifert hat schon Erfahrungen mit Jungs.

SOHN: Du schnüffelst in meinen Sachen herum, während ich weg bin? Und du hast Barbaras Mutter erzählt, daß ich Kondome und einen Porno habe???

MUTTER: Ja. »B. S.« hätte ja auch Barbara Schulz sein können. Und mit Barbara hast du ja schließlich auf der Klassenfahrt geknutscht. Sagt jedenfalls deine Klassenlehrerin.

SOHN: Was? Frau Schottmöller weiß auch alles?

MUTTER: Natürlich nicht. Ich will dich ja nicht blamieren. Ich hab' natürlich einen Vorwand benutzt.

SOHN: Gottseidank! Moment ... Mutter, welchen Vorwand?

MUTTER: Ich hab' ihr erzählt, daß ich Angst hätte, du würdest auf Jungs stehen. Da hat sie mir das mit dem Knutschen sofort erzählt. Clever, nicht?

SOHN: Ja, sehr clever! Barbaras Mutter denkt jetzt, ich bin ein Sexmaniac, und meine Klassenlehrerin, ich wäre schwul. Und wenn beide nur ein bißchen wie du sind, weiß es morgen die ganze Stadt. Und Bettina hält mich für pervers! Vielen Dank, Mutti!

MUTTER: Keine Angst, mein Engel. Mit Bettina hab' ich alles geklärt. Nettes Mädchen. Sie kommt gleich mit ihrer Mutter zum Kaffee vorbei.

SOHN: Was ... hast ... du ... Bettina ... erzählt????

MUTTER: Daß sie sich keine Sorgen wegen der Pornos machen muß. Ein Junge, der mit 15 noch ins Bett macht, hat mit Sex bestimmt noch nichts am Hut.

DIE SACHE MIT DER WEIBLICHEN VERWANDTSCHAFT

In den ersten Lebensmonaten eines Knaben gibt es mehrere traumatische Erlebnisse, die sein Weltbild und seine Entwicklung prägen. Das erste ist die Geburt, deren Problematik wir schon besprochen haben. Als nächster einschneidender Moment folgt die Umstellung von der Brust auf die Flasche. Ein Schritt, bei dem Frauen gar nicht wissen, wie sehr sie ihr Kind damit prägen. Dieser brutale Umstieg von Brust auf Flasche führt nämlich im späteren Geschlechtsleben zu einer unbewußten Assoziation, die uns Männern zu Unrecht vorgeworfen wird: Das Bedürfnis, nach dem Sex sofort ein Bier zu trinken. Diesen Drang haben Frauen in uns gepflanzt!

Ein anderes Trauma, dem ein Knabe in der ersten Lebensphase nicht entgehen kann, ist das Zusammentreffen mit weiblicher Verwandtschaft.

Sobald eine weibliche Verwandte über 16 Jahren auf ein Baby trifft, geht eine seltsame Metamorphose mit ihr vor. Ihren gesamten Körper durchläuft ein Zittern, sie beginnt sich rhythmisch zu wiegen, und ihre Stimmlage verändert sich so einschneidend, daß sie in der Lage wäre, die gesamte Muppet-Show auf einmal zu synchronisieren. Gleichzeitig werden ihre Brüste fast schockartig durchblutet und straffen sich für die Dauer von bis zu fünf Minuten merklich. Ein Phänomen, das der männlichen Erektion sehr ähnlich ist und auch ein ähnliches Ergebnis mit sich führt: eine reflektorische Verengung der Blutgefäße zum Hirn und damit verbunden eine mangelnde Versorgung mit Sauerstoff. Bei Männern führt dieser Sauerstoffmangel zu einem Rauschzustand, in dem sie sich für einen omnipotenten Liebhaber mit der erotischen Ausstrahlung einer Nuklearexplosion halten. Bei Frauen führt es zu Sprachverlust und grenzdebilem Verhalten. Oder freundlicher formuliert: Sie gleichen sich vorübergehend intellektuell ihrem Gegenüber – also dem Baby – an.

Wie als Beweis für diese geistige Umnachtung fallen sie mit dem Wortschatz eines Primaten über das Kind her und erhoffen sich von dem unbedarften Säugling ernsthaft einen Grundkurs in Anatomie. Oder wie sollen wir uns schwachsinnige Fragen wie »Ei, wo ist denn das kleine Näschen?«, oder »Ja, wo hat denn das Dutzili die süßen Fingerchen?«, sonst erklären?

Am schlimmsten ist aber, daß Tante, Oma, Cousine und Konsorten in bester Frauenmanier sofort versuchen, den männlichen Nachwuchs zu unterdrücken. Und zwar, indem sie ihm seine körperliche Individualität absprechen und ihm lang und breit erklären, von welchem Verwandten zwölften Grades er seine Augen, seine Nase oder sein Kinn hat.

Mit zunehmendem Alter ebben die Folgen dieser konzertierten Attacken langsam ab. In den wenigsten Fällen bleiben Angstneurosen oder Phobien zurück, und bei maximal 25% kommt es zu Spätschäden wie Minderwertigkeitskomplexen, Bindungsschwäche, vorzeitigem Samenerguß oder Homosexualität. Mit Einsetzen der Pubertät ist man über die gröbsten Fehler femininer Erziehungsversuche hinweg und beginnt, die weibliche Verwandtschaft in zwei Gruppen einzuteilen: Die, mit denen man Sex haben möchte, und die, bei denen man eher eine komplizierte Gallenkolik vorziehen würde.

III. DER ADLER IST GESTARTET

Haben Sie mal einen Kampfjet gesehen, der von einem Flugzeugträger startet? Geballte Kraft, die sich ungestüm nach vorne schleudert, als gäbe es die Schwerkraft nicht.

Ungefähr so dürfen Sie es sich vorstellen, wenn ein junger Mann erstmalig von der elterlichen Leine gelassen wird. Wie vom Katapult geschnellt schießt er nach vorne – und übers Ziel hinaus. Im günstigsten Fall endet das Ganze mit einem Geschmack nach Pappe und toten Vögeln im Mund sowie einem mörderischen Kater. Im schlimmsten Fall mit einer frühen und ungewollten Heirat. Aber wir wollen ja hier nicht gleich den Teufel an die Wand malen. Es gibt schließlich auch Teenager, deren rebellischer Erstversuch darin gipfelt, sich Daisy Duck nackt vorzustellen oder heimlich einem Freund beim Rauchen zuzuschauen. Aber das sind die Ausnahmen. Die Masse unterzieht die geltenden Verbote und Einschränkungen einem Härtetest, den sonst nur die elastischen Seile beim Bungeejumping erleiden müssen.

In guter deutscher Tradition wollen wir uns aber nicht mit den Gründen für dieses Verhalten beschäftigen, sondern einen Schuldigen suchen. Und den suchen wir da, wo ihn jeder Hobby-Psychologe sucht: In der Kindheit. Nicht, weil dies wissenschaftlich anerkannt ist und schon das alte Fantasieferkel Freud dort auf der Suche nach der Analphase herumstöberte, sondern weil wir es so ohne große Umwege den Müttern in die Schuhe schieben können. Denn wer sich die Finger verbrennt, dem hat man einfach beizubringen vergessen, was Feuer ist und wie man damit umgeht. Das gilt genauso für Alkohol, Sexualität und Freiheit. Und bei allen drei Dingen ist es doch wie mit dem Schwimmen: Das lernt man nicht in Trockenübungen.

Es gibt eine lange Liste von Dingen, an die die meisten Mütter ihre Kinder zu spät herangeführt haben. Und jede ist ein Grund, warum man als Mann besser alleine erwachsen werden sollte.

13. Mütter bereiten ihre Kinder nicht auf Alkohol vor

Wie macht man ein Stöckchen für einen Hund interessant und auf das Höchste begehrenswert? Man hält es außerhalb seiner Reichweite, versteckt es hinter seinem Rücken. Genauso funktioniert die Beziehung zwischen Kindern und Alkohol. Je mehr Sie Ihrem Kind etwas vorzuenthalten versuchen, womit Sie sich selbst lange und oft beschäftigen, desto magischer wird die

Anziehungskraft, die es ausübt. Das gilt natürlich auch für Zigaretten und diese Heftchen, die Eltern hinter ihren langweiligen Romanen im Wohnzimmer verstecken. Das heißt jetzt natürlich nicht, daß Sie Ihrem Kind direkt nach dem Fläschchen einen Grappa geben sollten! Aber spätestens, wenn das Kind fragt, wie der Eierlikör schmeckt, den Mama jeden Abend (natürlich nur wegen ihres nervösen Magens) literweise in sich hineinkippt, kann man es mal probieren lassen. Das mindert den Reiz und die Neugier. Das gilt auch für Schnäpse – aber da sollte man das Glas besser festhalten. Und weisen Sie dabei ruhig darauf hin, was Alkohol im menschlichen Körper, insbesondere bei Kindern, anrichten kann. Aber bloß keine Ammenmärchen – dafür haben Kinder ein feines Gespür und nehmen sie nicht ernst. Oder haben Sie damals wirklich geglaubt, daß man vom Masturbieren blind wird?

14. Mütter bereiten ihre Kinder nicht auf Sex vor

Unterschätzen Sie nie die aufklärerische Wirkung von Fernsehen, Kindergarten und Werbeplakaten! Während Sie noch krampfhaft überlegen, wie Sie Ihrem Sprößling erklären sollen, warum Mama ihren Busen vom lieben Gott und Papa den seinigen von den Hormonen im Bier bekommen hat, kennt der oder die Kleine schon rund neun Ausdrücke für den Akt der menschlichen Fortpflanzung, von denen Ihnen nur vier geläufig sind. Wenn Sie sich also nicht lächerlich machen wollen, müssen Sie ein bißchen fixer sein und sich nicht darauf ausruhen, daß Sie selbst auch erst mit 14 auf dem Bauernhof beim Kälberkastrieren aufgeklärt wurden. Sobald Ihr Kind merkt oder auch nur glaubt, daß Sie in sexueller Hinsicht eher unterbelichtet sind (genau wie Ihr Schlafzimmer mittwochabends – dem einzigen Abend, an dem plötzlich abgeschlossen ist), sind Sie der Letzte, der zu diesem Thema konsultiert wird.

Mütter spielen in der sexuellen Entwicklung eines Jungen aber dennoch eine bedeutsame Rolle: Sie sind der größte Bremsklotz, den wir auf dem Weg zu einer unverkrampften Sexualität überwinden müssen. Eine Mutter ist so ziemlich das Lauteste, was es innerhalb eines Haushaltes gibt. Ihre Stimme durchdringt Mauerwerk wie ein Trennschleifer, und wenn sie morgens den Kaffee aufsetzt, weckt ihr Klappern und Rumoren auf drei umliegenden Friedhöfen die Toten. Natürlich auch uns, die wir ausnahmsweise hätten ausschlafen können. Wenn man aber gerade im Begriff ist, sich selbst in die – von Schulkameraden in den höchsten Tönen gepriesenen – Freuden der Onanie einzuführen, verwandelt sich eine Mutter in ein Phantom. In einen flirrenden Schemen aus Licht, der sich durch vier geschlossene Türen hindurch so plötzlich neben dir materialisieren kann, daß sich deine keimende Pubertät schlagartig auf das nächste Jahr verlegt. Genauso unverhofft und lautlos taucht sie vier Jahre später in deinem Zimmer auf, wenn du es endlich geschafft hast, deine rechte Hand nach zwei Stunden Dauerknutschen zwischen dem Bauchnabel und der zwei Nummern zu kleinen Jeans deiner Jugendliebe hindurchzupressen – und im wahrsten Sinne kurz vor deinem ersten Kontakt mit dem weiblichen Geschlecht stehst. Und dann stellst du fest, wie viele Verletzungen man sich gleichzeitig zuziehen kann, wenn man seine Hand an einem gesplitterten Knopf vorbei aus einer Hose, seine Zunge aus einer vor Schreck geschlossenen Reihe Zähne und sich selbst mit einem Hechtsprung zum Lichtschalter aus der Affäre ziehen will.

Genauso witzlos ist der Versuch, sich eher literarisch auf den Sex vorzubereiten. Wenn es schon schwierig ist, als 15jähriger an einschlägige Fachzeitschriften und bebilderte Fotobände zu kommen, so ist es fast unmöglich, sie irgendwo zu verstecken, wo Mutter sie nicht findet. Denn eine Mutter findet alles. Außer einer Handtasche, die zu ihren Schuhen paßt, wenn man mit

ihr pünktlich auf dem Abschlußball des Tanzkurses sein will –
weil man sonst wieder nur das häßlichste Mädchen abbe-
kommt.

Also bleiben uns nur unsere Phantasie, die verworrenen
Schilderungen unserer Altersgenossen und ab und zu ein Heftchen, das wir hinter den langweiligen Romanen im Wohn-
zimmerschrank unserer Eltern finden.

15. Mütter bereiten ihre Kinder nicht auf Bücher von Hera Lind vor

Kinder glauben, was sie in Büchern lesen. Im Gegensatz zu den
Aussagen ihrer Eltern macht das geschriebene Wort einen
nachhaltigen Eindruck auf sie. Bei den schmalen Kenntnissen,
die unter Jugendlichen ausgetauscht werden, werden als Quelle
selten die Erzeuger und häufiger die BRAVO oder Disneys lustige Taschenbücher genannt.

Und unser Schulwesen begünstigt diese Naivität ungewollt:
Jene Bücher, die zur Erstausstattung eines Abc-Schützen
gehören, werden ihm mit dem Hinweis übergeben, daß in
ihnen der Schlüssel für Bildung, Wissen, Wahrheit und Erfolg
liegt. Das geschriebene Wort ist für Kinder also Staubwolke am
Tag und Feuersäule in der Nacht. Was aber kann im Kopf eines
jungen Mannes für ein Unheil geschehen, wenn er mit dieser
Blauäugigkeit an ein Buch von Hera Lind gerät? Noch offen für
Wahrheiten wie für Lügen, aber ohne das Wissen, das Eine vom
Anderen zu trennen? Aufnahmebereit wie ein Kleenex, das
nicht weiß, ob es Weiswein oder Essig aufsaugt? Hilflos wie ein
Hochleistungsmotor, der selbst dann noch blind den falschen
Treibstoff in den Vergaser saugt, wenn die Ventile unter der
falschen Oktanzahl schon klingelnd vor Schmerz den Dienst
verweigern? Denken Sie darüber mal nach, wenn Sie Ihr
Bücherregal mit irgendwelchem Schund bestücken, nur um
diese Heftchen dahinter zu verstecken.

16. Mütter bereiten ihre Kinder nicht auf Gewalt vor

In der Biographie von Muhammad Ali beschreibt der Champion die Wirkungen eines schweren Kopftreffers wie einen Besuch in der Geisterbahn: mit Masken und Fratzen, die vor einem auftauchen. Nur, wenn man diese Situation kenne, sich jede dieser Fratzen betrachtet, jede Maske aufgesetzt und ihr damit den Schrecken genommen habe, könne man einen solchen Schlag verdauen und weiterkämpfen. Also: Schallern Sie Ihrem Nachwuchs ruhig mal eine, wenn Ihnen in der Erziehung die Argumente ausgehen. Besonders Jungs werden es Ihnen danken. Spätestens bei der ersten Prügelei.

17. Mütter bereiten ihre Kinder nicht auf das Gesetz vor

Neben Drogen, Sex, der falschen Literatur und Gewalt gibt es nur noch eine Sache, die das Leben eines Heranwachsenden aus der Bahn werfen kann: Der Kontakt mit dem Gesetz. Kinder, denen man nicht frühzeitig die Bedeutung der Gesetze, der Begriffe wie »Recht« und »Ordnung« beigebracht hat, können leicht straucheln. Wie viele Teenager sind blauäugig und ungestüm in die Welt hinausgepröscht und haben sich direkt beim ersten Kontakt mit der Staatsgewalt das ganze Leben verbaut? Ja! Sie glauben ja gar nicht, wie viele junge Menschen sich nach der Schule direkt bei der Polizei bewerben.

Tja, Menschen machen Fehler. Mütter in der Erziehung und Kinder direkt danach. Wenn sie es dann endlich geschafft haben, sich von Mutters Brust (und Papas Brieftasche) abzunabeln, stürzen sie sich oft aus der beengenden Sicherheit des Elternhauses direkt in die nächste Abhängigkeit: Die WG!

DIE SACHE MIT DER WG

In dem Moment, in dem ein junger Mensch sich von seinen Eltern löst und einen eigenen Hausstand gründet, macht er eine wichtige Erfahrung: Er ist nicht halb so unselbständig, wie man ihm jahrelang weismachen wollte. Und er erkennt weiterhin, daß eine warme Mahlzeit am Tag nicht so wichtig ist, wie man es ihm immer und immer wieder gepredigt hat. Man kann nämlich sogar dreimal am Tag warm essen, ohne an Körper und Geist Schaden zu nehmen!

Diese erste Phase der Selbständigkeit ist geprägt von täglich neuen Überraschungen und Entdeckungen. Zum Beispiel, daß man in einer Mikrowelle noch ganz andere Sachen warm machen kann, als nur die sorgsam auf einem feuerfesten Teller angeordneten Reste eines ausgewogenen und selbstgekochten Mittagessens. Die moderne Nahrungsmittelindustrie bietet uns eine fast lückenlose Palette tiefgekühlter Köstlichkeiten, die fast unbegrenzt haltbar und in Minuten erwärmt sind. Ja, man braucht dank der schmucken Aluminiumschälchen nicht mal einen Teller! Außerdem ist die Mikrowellennahrung meist auch noch so praktisch breiig in der Konsistenz, daß nicht mal ein Messer schmutzig gemacht werden muß. Man benötigt lediglich eine Gabel – und die bekommt man in der Uni-Mensa in beliebiger Menge. Wenn man sich nicht schon bei der Bundeswehr eingedeckt hat.

Eine andere wichtige Entdeckung ist, daß man nicht jedes Kleidungsstück bügeln muß. Und daß ein Teppich nicht jeden Tag gesaugt werden muß, nur weil man mal wieder die Schuhe nicht ausgezogen hat. Klar, er sieht nach ein paar Wochen nicht mehr sehr appetitlich aus – aber man kann ja weiterhin die Schuhe anlassen, wenn man Angst hat, sich die Socken schmutzig zu machen.

Außerdem lernt man noch, daß man nicht zu einem geisteskranken Massenmörder wird, wenn man seine Klamotten im ganzen Zimmer verteilt. Ganz im Gegenteil: Auf den umherliegenden Kleidungsstücken kommt man prima vom Bett zum Klo, ohne sich wegen des schmutzigen Teppichs extra die Schuhe anziehen zu müssen.

Die letzte und wichtigste Erfahrung ist aber die fast grenzenlose Anzahl bisher ungeahnter Möglichkeiten, die sich logistisch auftun. Wer hätte zum Beispiel geahnt, daß man in einer Küche nicht nur kochen, sondern auch Sex haben kann? Sogar mit sich selbst.

Auch die Nahrungsmittelaufnahme erfährt eine völlig neue Dimension, wenn sie auf bisher verbotenem Terrain stattfindet. Ein Toast mit Erdnußbutter und Gelee schmeckt doch gleich doppelt so gut, wenn man dabei nicht sorgsam über einen Teller gebeugt am Eßtisch sitzen muß, sondern ihn aus der Hand und auf einem Stoffsofa genießt. Oder wußten Sie, wie gut ein Bier unter der Dusche schmeckt? Ganz zu schweigen von einer Packung Cracker mit Tsatsiki im Bett?

Vielleicht an dieser Stelle ein paar Tips: Erdnußbutter läßt sich auf braunem Tweed besser verreiben als auf beigem Cord. Und Gelee muß auf niederflorigen Garnituren nicht sofort feucht aufgewischt werden. Läßt man ihn erst antrocknen, kann man ihn nach rund zwei Tagen als harte Kruste mit dem Fingernagel vorsichtig ablösen. Zu einem Bier unter der Dusche empfiehlt sich ein neutrales Shampoo – Apfelgeschmack etwa ist tödlich für jedes Pils. Und nach einem Cracker-Mahl im Bett sollte man ruhig mal wieder einen Schlafanzug tragen. Sonst liegt man sich auf den Krümeln wund.

Sie sehen, welche unglaubliche Ideenvielfalt eine eigene Wohnung zuläßt. Warum also sind wir nicht schon viel früher ausgezogen? Zumal es auch noch so ein erhebendes Gefühl war, den Eltern diese Entscheidung völlig kalt und emotionslos zu eröffnen. Und dabei zu sehen, wie sie in fünf Sekunden alt wurden. Aber man darf sich von der Macht und der Befriedigung dieses Momentes auch nicht zu unüberlegten Aktionen hinreißen lassen. Klar, es ist ein tolles Gefühl, den Erzeugern kalt lächelnd entgegenzuschmettern, daß man sie verlassen wird, um der kleinbürgerlichen Spießigkeit und geistigen Enge des Elternhauses den Rücken zu kehren. Es macht mächtig Eindruck, wenn man Papa verächtlich mitteilt, daß man auf seine klugen Ratschläge und seine ständigen Einmischungen in Zukunft verzichten kann. Sie sollten allerdings vor diesem stolzen Auftritt mal in die Zeitung schauen, was man in Ihrer Stadt so an Miete zahlt. Von dem, was Sie sich wahrscheinlich nur leisten können, bekommen Sie meist eine Wohnung, in die Sie keinen Hund mitnehmen dürfen. Nicht, weil der Vermieter etwas dagegen hätte. Aber der Tierschutzverein.

Aus diesem Grund enden viele Befreiungsversuche in einer Bleibe, die man sich mit anderen pekuniären Leidensgenossen teilt: der WG.

Eine WG wird von den Verfechtern dieser Lebensform gerne als perfekte Symbiose dargestellt. Das wäre sie auch, würden über die Hälfte dieser Lebensformen nicht an einem schlimmen Geburtsfehler leiden: Sie bestehen auch aus Frauen. Und wenn Sie in einer WG wohnen, in der es auch Frauen gibt, können Sie gleich wieder bei Mama einziehen. Kein Mann kann unbeschadet an Geist und Psyche in einer WG mit Frauen leben. Warum? Darum:

18. In einer WG mit Frauen kochen die Männer

Da sind sie wieder, die kleinen Heimtücken der Emanzipation. Denn dabei geht es mitnichten um die Befreiung der Frau, sondern um die Versklavung des Mannes. Im Grunde genommen ist die Emanzipation eine primitive Rache für etwas, das die Rächer in lila Latzhosen gar nicht erlitten haben. Denn die, die wild skandierend durch die Straßen laufen und die Befreiung der Frauen von Küche, Kirche und Kindern fordern, können überwiegend nicht kochen, haben seit ihrer Taufe keine Kirche mehr von innen gesehen und sind lesbisch. Und sie leben in einer WG. In Ihrer WG! Zusammen mit Ihnen, einem Mann. Also dem personifizierten Feindbild jeder aufgeklärten Frau. Aber was eine gute Revoluzzerin ist, die hat auch ein Sendungsbewußtsein. Und auch wenn sie natürlich nicht im geringsten daran glaubt, daß der Mann an sich reformierbar ist, so will sie sich doch nicht der Kritik aussetzen, es nicht wenigstens versucht zu haben. Und so bekommen wir die Chance, unser krankes Weltbild zurechtzurücken. Indem wir all die Aufgaben in der WG übernehmen, die wir jahrhundertelang den Frauen zugeschrieben und sie damit auf das brutalste unterdrückt haben: Putzen, waschen, bügeln – und kochen.

19. WG-Frauen bringen Männer mit

Sind das nicht Kostverächter? Aber so ist die moderne Frau: Undankbar. Sie hat ein grundsolides Dreigängemenue im Haus (Vorspiel, GV, Nachspiel) und bringt sich einen Hamburger mit. Dabei weiß doch jeder, daß dieses Junkfood nicht lange vorhält und man davon nur einen dicken Bauch bekommt. Aber sie tut es nicht aus Dummheit, Naivität oder Blindheit, sondern aus Berechnung. Indem sie ständig andere Männer anschleppt und Ihre Vorzüge ignoriert, zerstört sie Ihr Selbstwertgefühl und Ihr Selbstbewußtsein. Und erst dann greift sie zu und pflückt den walnußgroßen Rohdiamanten, den sie mit ihrem Kalkül zu einen erbsengroßen Stein geschliffen hat. Und Sie sind reingefallen. Reingefallen auf den nächsten Grund:

20. WG-Frauen sind doppelt gefährlich

Eine normale Frau ist eine tickende Zeitbombe. Gelegt, um Löcher in den Lebensrhythmus eines Mannes zu sprengen. Eine Frau in einer WG ist ein Minenfeld, das ihn völlig zerfetzt.

Nur ein Moment der Unachtsamkeit, ein rotweinseliger Abend, ein Zug aus der falschen Pfeife, eine Nacht im falschen Laken, und Sie tappen wie ein Bär im Honigrausch in die schlimmste aller Fallen: Sie haben plötzlich eine Freundin, mit der Sie schon zusammen wohnen! Ein Würgegriff, final wie ein Doppel-Nelson. Die Situation eines Selbstmörders, der sich beim Sprung vom Eiffelturm noch in den Kopf schießt: No way out!

Wenn Sie den Fehler machen, in eine WG mit Frauen zu ziehen, dann müssen Sie in der Lage sein, diese Frauen auch genau als das zu betrachten, was sie sein wollen: Menschen, die nicht danach eingeschätzt werden, was für ein Geschlecht sie haben. Am besten ignorieren Sie sogar völlig, daß sie überhaupt eins haben. Nutzen Sie jeden nur möglichen Mechanismus, um ihre Weiblichkeit zu verdrängen. Geben Sie ihnen Männernamen, reden Sie mit ihnen über Fußball und Pornos, spannen Sie ihnen die Freundinnen aus, und erzählen Sie bei jeder sich bietenden Gelegenheit jede wahre oder unwahre Geschichte aus Ihrem Sexualleben, die Ihnen einfällt. Machen Sie also all das, was Sie mit einem männlichen Mitbewohner auch machen würden. Nur eins nicht: Alkohol trinken und ernsthaft über Ihre Probleme reden. So hat schon Samson sein Haupthaar (und damit seine Männlichkeit) an Delila verloren.

21. WG-Frauen haben ein zu gutes Herz

WG-Frauen sind das soziale Gewissen der Welt. Wo immer Unrecht geschieht, sind sie da wie Zorro, Batman oder das A-Team. Im Gegensatz zu diesen Helden nehmen sie sich aber gerne ein bißchen Arbeit mit nach Hause. Ein klassisches Bild, das sich Ihnen bietet, wenn Sie nach Hause kommen, sieht so aus: Es öffnet ein libanesischer Asylant, der Ihnen bekannt vorkommt. Zuerst tippen Sie auf ein Fahndungsplakat, bis Sie merken, daß es daran liegt, daß er Ihren besten Anzug trägt. Im Flur hängt zum Trocknen ein Transparent gegen das Besitzdenken – gebastelt aus Ihrem Bettlaken und zwei Querstreben Ihres Bücherregals. In Ihrem Bett versucht ein dreibeiniger Streuner gerade erfolglos, stubenrein zu werden – Gottseidank kann das Laken nicht schmutzig werden, weil es ja im Flur hängt. Um die teure Roßhaarmatratze ist es auch nicht schade: Die hat der Libanese ausgehöhlt und vertickt die Füllung gerade als Marihuana an die Anti-Macho-Frauengruppe, die in der Küche tagt. Die verbrennt aus therapeutischen Gründen Ihre Bukowski-Sammlung und Ihre Autogramme aller Helden der Stummfilmzeit, während sie den Gesängen der Buckelwal-weibchen lauscht. Sie wollen flüchten, können aber nicht, weil vor der Tür siebzehn chinesische Dissidenten einen Sitzstreik gegen die Zensur veranstalten und kein Deutsch verstehen. Also bleiben Sie und reinigen Ihr Bett, weil sich die Frauengruppe über den Gestank aus der »Schwanzträger-Höhle« beschwert. Der dreibeinige Hund ist so dankbar, daß er Sie dabei zu besteigen versucht. Sie versuchen, ihn abzuschütteln, aber er bekommt Unterstützung von einer Gruppe homosexueller Stadtstreicher, die bis zur Schneeschmelze im Flur wohnen.

An diesem Punkt nehmen Sie Ihre Mitbewohnerin zur Seite und merken vorsichtig an, das alles gehe vielleicht ein kleines bißchen zu weit. Sie beschließt daraufhin, daß Sie bis März auf eigene Kosten in ein Hotel ziehen sollten, weil Sie ein total schlechtes Feeling in die Gruppe bringen. Sie willigen zerknirscht ein. Schließlich können Sie Kapitalistenschwein sich das leisten, denn Sie bekommen als Arbeiterkind ja Bafög. Und Ihre Mitbewohnerin bekommt keinen Pfennig – nur weil ihrem Vater siebzehn Mietshäuser gehören.

22. WG-Frauen sammeln

Und zwar alles! Vernageln Sie die Tür, wenn irgendwo im Umkreis von 60 Kilometern Sperrmüll ist. Garantiert taucht im

Laufe des Tages Ihre Mitbewohnerin auf und schleppt schwitzend alles an, was kluge Zeitgenossen mit verbundenen Augen und mit Hilfe einer Beißzange auf die Straße gestellt haben. Und dann fällt immer der gleiche Satz: »Du glaubst gar nicht, was diese Wohlstandsbürger so alles wegschmeißen! Dabei kann das irgendein armer Mensch bestimmt total gut gebrauchen!« Irgendein armer Mensch – und er müßte wirklich sehr arm und verzweifelt sein – hätte sich das Gerümpel vielleicht auch wirklich von der Straße geholt. Wenn Ihre Mitbewohnerin es ihm nicht vor der Nase weggeschnappt hätte. So aber modern drei Stehlampen ohne Schirm, vierzehn Paar linke Schuhe, zwei Sofakissen mit ominösen Flecken, drei Schirme (die aber nicht auf die Stehlampen passen), das Getriebe eines '82er VW-Jetta sowie vier Kartons voller kaputter Entsafter, Radiowecker und Bügeleisen auf Ihrem Flur vor sich hin. Bis Sie dann, wenn Ihre Mitbewohnerin im Urlaub ist, den Sperrmüll bestellen. Und weil die Hälfte der »total wertvollen Dinge« Sondermüll ist, dürfen Sie dafür Unsummen berappen. Deshalb können Sie sich ja auch keinen Urlaub leisten.

23. WG-Frauen besuchen VHS-Kurse

Nicht bestimmte Kurse. Oder Kurse, die sie brauchen. Alle Kurse! Und natürlich läßt sie Sie daran teilhaben. Schließlich braucht man für die meisten Kurse einen Partner, mit dem man zu Hause noch ein bißchen üben kann. Das tolle an den Kursen ist, daß sie fast gar nichts kosten. Jedenfalls nicht den, der daran teilnimmt. Sie schon. 260 Mark haben Sie dem Physiotherapeuten zahlen müssen, der Ihnen nach der ersten tantrischen Massage Ihrer Mitbewohnerin vier Wirbel wieder einrenken mußte. 990 Mark kostete Ihr neuer Ofen, weil der alte sich zum Tonbrennen auch dann nicht auf über 1000 Grad aufheizen ließ, als er an Starkstrom angeschlossen wurde. 1600 Mark kostete die Wiederbeschaffung Ihrer Komplettsammlung aller

Jahrgänge des Playboy, nachdem sie einer Collage zum Thema »Sexuelle Belästigung« zum Opfer fiel. Und 700 Mark investierten Sie in Rosen und Telegramme, um Ihre Freundin zurückzubekommen – nachdem sie Zeuge wurde, wie Ihre Mitbewohnerin Sie nach einem Hypnosekurs für die Reinkarnation eines indischen Liebesgottes hielt und mit Ihnen verschmelzen wollte.

Doch das alles sind Kindereien verglichen mit den Repressalien und Schmerzen, denen WG-Männer ausgesetzt sind, seitdem die Volkshochschulen auch noch Selbstverteidigungskurse für Frauen anbieten. Ob Ihre Mitbewohnerin in so einem Kurs eingeschrieben ist, erfahren Sie, wenn Sie eines Nachts betrunken aber fröhlich nach Hause kommen, um drei Sekunden später in Ihrem eigenen Blut zu liegen. Blut, das aus Ihrer gebrochenen Nase und den zentimetertiefen Kratzern an den Armen strömt, die sie Ihnen mit drei Schlüsselbärten, die zwischen den Fingern ihrer geballten Faust glitzerten, gerissen hat. Aus tränenfeuchten Augen sehen Sie dann das wütende Gesicht Ihrer zarten Mitbewohnerin, die in perfekter Bruce Lee-Pose über Ihnen aufragt und Sie anfaucht: »Bist du wahnsinnig? Ich dachte, du wärst ein Vergewaltiger. Warum hast du nicht geklingelt?« Dann ist es übrigens sinnlos, sie darauf hinzuweisen, daß man noch nie geklingelt hat, weil man als Hauptmieter natürlich einen Schlüssel besitzt.

24. WG-FRAUEN SIND TOTAL AUFGEKLÄRT

Die WG-Frau ist völlig über die spießigen Verhaltensmuster unserer Eltern hinweg. Sie empfindet Nacktheit, Verdauung und Sex als etwas völlig Normales. Das geht soweit in Ordnung, wie sie nur nackt durch die Wohnung läuft und beim Masturbieren die Tür offen läßt. Unschön wird es, wenn sie die Toilettentür aushängt, wenn sie ihren Darm grundsätzlich dann entleert, wenn Sie sich die Zähne putzen, und sich mit einem guten Buch zu Ihnen setzt, wenn Sie mit Ihrer Freundin schlafen. WG-Frauen sind so schrecklich tolerant, daß sie alle Vorgänge im menschlichen Körper als etwas völlig Normales betrachten. Das sind sie natürlich auch – aber das heißt nicht, daß man darüber reden muß. Natürlich weiß man als moderner Mann im Groben, was im Körper einer Frau während der Menstruation abläuft. Es ist so eine Art Ölwechsel. Aber im Unterschied zum Ölwechsel wollen wir dabei nichts über die Konsistenz oder die Menge wissen. Genauso ist unsere Einstellung zu den Binden, Tampons und Einlagen, die während der Regelblutungen zum Einsatz kommen: Sie haben gefälligst nur in der Werbung oder originalverpackt auf dem Badezimmerregal vorzukommen. Sobald sie ihrer Bestimmung zugeführt werden, wollen wir sie nicht mehr sehen. Und schon gar nicht danach!

25. WG-Frauen ernähren sich gesund

Behaupten sie jedenfalls. Viel Gemüse, Körner und Salate, kein Fleisch. Dazu keinen Alkohol, keine Zigaretten und nichts Süßes. Das, so wird Ihnen immer wieder erklärt, reinige Körper und Geist und führe zu einem langen und gesunden Leben. Ich bin ja grundsätzlich dafür, das jede These, die meine Gesundheit betrifft, erst mal im Tierversuch überprüft wird. Und soviel ich weiß, sind Gemüse, Körner und Salate die bevorzugten Nahrungsmittel von Goldhamstern. Davon hatte ich zwei Stück – und keiner ist älter als fünf Jahre geworden. Soviel zum langen Leben.

26. WG-Frauen diskutieren gerne

Das ist generell eines der größten Mißverständnisse zwischen Männern und Frauen. Frauen reden gerne. Männer natürlich auch – aber nicht mit Frauen! Ein Mann, der ein langes Gespräch mit einer Frau führt, hat dafür nur drei mögliche Gründe: Entweder will er einen guten Eindruck machen, oder er ist betrunken, oder er will mit ihr ins Bett. Oder alles drei. In einer WG will man aus mindestens acht der oben genannten Gründe nicht mit seiner Mitbewohnerin ins Bett. Einen guten Eindruck will man sowieso nicht mehr machen. Und so oft kann man sich aus medizinischen Gründen gar nicht betrinken, um der Diskussionslust einer Frau Rechnung zu tragen.

Aber warum diskutiert ausgerechnet der Typus »aufgeklärte und politisch ambitionierte WG-Frau« so gerne und ausführlich? Liegt es vielleicht an unserem Hochschulsystem, das uns immer vermitteln will, man könne jedes Problem mit einem guten Gespräch oder einer konstruktiven Diskussion lösen? Aber das, meine lieben Damen, können Sie sich abschminken – auch wenn Sie sich natürlich nicht schminken, weil das nicht gut für die Natur ist. Man kann nämlich nicht jedes Problem aus der Welt reden. Zum Beispiel das Problem nicht, daß es Frauen gibt, die jedes Problem immer aus der Welt reden wollen. Und bitte: Versucht es erst gar nicht!

27. WG-Frauen sind gegen jede Art von Luxus

Mit Luxus ist es wie mit der Wahrheit: Beides liegt im Auge des Betrachters. Gottseidank sind die Kriterien Ihrer Mitbewohnerin sehr einfach: Luxus ist alles, was Sie besitzen. Parfümierte Seife, eine Stereoanlage, weichgespülte Handtücher, ein Fernsehprogramm, Klopapier, das nur das entfernt, was es soll (und nicht noch die obersten zwei Hautschichten), ein Lexikon, Schuhcreme, Ersatzglühbirnen, ein zweiter Satz Bettwäsche, Kondome mit Bananengeschmack und so weiter. Das ist alles purer Luxus. *Sie* hat so was nicht. Deshalb bedient sie sich ja auch immer bei Ihnen. An parfümierter Seife, der Stereoanlage, weichgespülten Handtüchern, dem Fernsehprogramm, dem weichen Klopapier (ihres ist so hart, daß immer noch die obersten zwei Hautschichten ... sie wissen schon), dem Lexikon, der Schuhcreme, den Ersatzglühbirnen, dem zweiten Satz Bettwäsche und so weiter. Nur die Kondome rührt sie nicht an. Weil sie gegen Bananen allergisch ist. Aus Rache für Ihre mangelnde Rücksichtnahme macht sie Ihnen aber so lange mit einer Stecknadel Löcher in die Dinger, bis Sie auf Pfirsich umsteigen.

DIE SACHE MIT DER EIGENEN BUDE

Lassen Sie mich dieses Kapitel, weil man manche Dinge nicht oft genug sagen kann, mit einer Warnung beginnen: Männer und Frauen sind natürliche Widersacher. Und woran erkennt man einen Widersacher? Richtig: am Eindringen in fremdes Hoheitsgebiet. Und diese Eigenschaft haben Frauen zur Kunstform erhoben:

28. Frauen respektieren keine Reviergrenzen

Schon in der Jugend gibt es für einen Mann keine Intimsphäre. Kein Zimmer ist seiner Mutter heilig, kein Winkel bleibt ihr verborgen (siehe auch Kapitel II »Hotel Mama«). Aber die Natur nimmt ihren Lauf. Und mit dem Auszug sollten auch die mütterlichen Übergriffe auf die Privatsphäre enden. Das gilt insbesondere für die Zeit, in der man sein Revier gerade absteckt und markiert. Also in der ersten eigenen Wohnung.

Eine erste eigene Wohnung dürfen Frauen nur unter ganz besonderen, der Ausrufung des Ausnahmezustands bedürfenden Umständen betreten. Diese sind:
• Sex: Zum Zwecke der körperlichen Vereinigung ist es erlaubt, einer Frau den Zutritt zur eigenen Wohnung zu gestatten. Es wollen dazu aber ein paar wichtige Vorsichtsmaßnahmen beachtet werden. Zum Beispiel sollte man die Frau beim

Betreten der Wohnung ohne Umwege der Bettstatt zuführen, damit sie erst gar keine Beziehung zu anderen Möbelstücken aufbauen kann. Der alte Brauch, eine Braut über die Schwelle zu tragen und aufs Bett zu legen, hat ursprünglich genau diesen Zweck gehabt: Bevor man nicht festgestellt hatte, daß man sexuell harmoniert, durfte die Frau keinen Fuß in die Wohnung setzen. Nur deshalb wurde sie getragen. Zum zweiten sollte man die Frau nach vollzogenem Liebesspiel, so schnell es der abklingende Zustand sexueller Erregung zuläßt, brüskieren: sie mit einem falschen Namen ansprechen oder auf irgendeine körperliche Unzulänglichkeit ansprechen, die wir angeblich komisch finden (ungleich große Brüste, lustige Dellen im Oberschenkel, den gleichen Hintern wie John Goodman, etc.). In manchen Fällen reicht auch ein genußvoller Stoßseufzer wie: »Es geht doch wirklich nix über einen gepflegten, unverbindlichen One-Night-Stand«. Ziel der Übung ist es, jegliche Hoffnungen oder Ansprüche im Keim zu ersticken und die Frau zum Gehen zu bewegen. Sollte man ein paar Tage oder Stunden später noch mal Lust auf Sex mit ihr haben, kann man das schon irgendwie wieder hinbiegen. Wichtiger ist aber erstmal, daß sie verschwindet, bevor sie anfängt, ihre Markierungen zu setzen. Das geschieht nämlich schneller, als Sie denken, und fixer, als Sie beobachten können. Die Eroberung geht nur einmal unbeobachtet ins Bad – und schon hängen Ihre Handtücher mit der Naht nach vorne, oder das Toilettenpapier kommt plötzlich gegen den Uhrzeigersinn aus dem Spender. Das mag nicht so dramatisch erscheinen, aber es ist der erste Schritt einer stufenweisen Übernahme Ihrer Wohnung. Bleiben Sie hart! Und fallen Sie nie auf dumme Tricks rein wie: »Kann ich das mal kurz bei Dir lassen?« Egal was es ist, ein Mantel, eine Tüte mit Tannenzweigen, ein Schal oder ein Plüschtier – es bleibt fortan in Ihrer Wohnung bis zum St. Nimmerleinstag und bietet ihr immer eine Möglichkeit, sich Zutritt zu verschaffen. Alle Alarmglocken müssen besonders bei Ihnen schrillen, wenn Sie Damenhausschuhe, Tampons, eine rosa Zahnbürste oder ein Duftkissen in Ihrer Wohnung finden. Dann sind Sie nämlich schon so gut wie assimiliert. Ziehen Sie sich sofort Handschuhe an, schmeißen Sie die »Dinge« aus dem Fenster, desinfizieren Sie die gesamte Wohnung, und lassen Sie sich im nächsten Tropeninstitut gegen alles impfen, was die Kasse bezahlt.

• Lieferungen: Menschen mit Nahrungsmitteln, Möbeln, elektrischen Geräten oder sonstigen nützlichen Geschenken sind immer willkommen. Sogar, wenn es Frauen sind. Wenn es allerdings Frauen sind, sollten Sie folgenden Satz in allen Varianten parat haben: »Mensch, das ist mir jetzt aber vielleicht peinlich! Du machst mir so ein schönes Geschenk – und ich muß Dich gleich wieder rausschmeißen, weil ich a) einen Termin beim Finanzamt, b) Typhus, c) eine Beerdigung, d) Brechdurchfall, e) eine Verabredung mit dem Bundeskanzler, f) gleich meine Beschneidung, g) eine Einberufung zum Bund, h) Flöhe habe.

• Geld: Manchmal schaffen es Mütter, sich mit krimineller Hinterlist Zutritt zur Wohnung zu verschaffen. Zum Beispiel mit dem heimtückischen Hinweis, daß sie die Miete zahlen und mal schauen wollen, in welche Lokalität das Geld fließt. Das ist natürlich ein klarer Fall von Erpressung und befreit uns somit von der Verpflichtung, uns an irgendeine Form von Manieren halten zu müssen. Bereiten Sie den Besuch Ihrer Mutter gut vor, indem Sie alles so präparieren, wie sie es nicht mag. Besorgen Sie sich alles, worauf Ihre Mutter allergisch reagiert: Katzen, Blütenpollen, billiges Raumparfüm oder ähnliches. Hängen Sie alles ab, was gemütlich wirkt: Gardinen, schöne Bilder, geschmackvolle Lampen, hohe Stuckdecken. Statt dessen gehört in jedes Zimmer eine nackte Glühbirne und ein Poster von einem nackten Mann in verführerischer Pose. Wenn Ihre Mutter Sie auf die Poster anspricht, stammeln Sie, werden rot, drucksen – und bitten sie zu gehen. Sie wird dann Ihren

Vater bitten, mal ein Männergespräch mit Ihnen zu führen. Was dieser noch nie getan hat und auch niemals tun wird.

Oder laden Sie eine Frau ein, die kein Deutsch spricht und Ihnen dauernd die Hose auszuziehen versucht. Lassen Sie Schokoladenbrocken herumliegen und behaupten, es sei Haschisch von einem Ihrer Freunde. Und erzählen Sie, daß gleich ein Bekannter vorbeikommt, um Ihnen seinen Hautausschlag zu zeigen, der angeblich aussieht wie ein Spiderman-Tatoo. Und daß Ihre Mutter solange mit der Katze auf den Balkon muß (vorzugsweise bei Minusgraden), weil der Freund keine Frauen mag und seine dressierte Ratte mitbringt.

• Krankheit: Der beste Freund, der teuerste Pfleger, der schwulste Bekannte: Niemand kann einen kranken Mann so pflegen wie seine Mutter oder eine liebende Frau. Gegen den Service, den sie uns angedeihen lassen, wirkt der Harem des Sultans von Brunei wie eine Autobahnraststätte an der polnischen Grenze. Moment! Da wir gerade beim Thema »Krankheiten« sind, lassen Sie mich mal eines für alle Zeiten richtigstellen: Männer sind nicht wehleidig! Das ist eine ganz üble Behauptung von Müttern und Gattinnen, die immer nach dem Lindenblatt auf dem Panzer der männlichen Siegfrieds-Seele suchen. Männer haben einfach nur mehr Phantasie und Verantwortungsbewußtsein als Frauen. Sich bei jedem Schnupfen bis in die Symptomatik einer fiebrigen Grippe mit Lungenentzündung hineinzusteigern zeugt doch nur von der Fähigkeit, das ganze Ausmaß der potentiellen Gefahren erkennen zu können. In jedem verstauchten Knöchel einen komplizierten Splitterbruch zu vermuten zeigt nur die Sensibilität gegenüber den Risiken unserer entmenschlichten Diagnostik. Was glauben Sie denn, warum viel mehr Frauen als Männer an unerkannten Krankheiten sterben? Weil wir einfach viel aufmerksamer und kritischer sind. Deswegen sind Männer, die im medizinischen Bereich forschen, auch erfolgreicher. Die meisten richtig fiesen Krankheiten wurden von Männern entdeckt,

die sicher waren, darunter zu leiden. Nennen Sie es Hysterie –
wir nennen es den unbedingten Willen zum Fortschritt.

So! Das waren eigentlich alle Gründe, die es einer Frau erlauben sollten, Ihre Wohnung zu betreten. Alles andere gilt nicht.
Und vergessen Sie um Gottes Willen eines nie:

29. FRAUEN IST JEDES MITTEL RECHT

Besonders, wenn es darum geht, Ihren Freiraum oder Ihre
Privatsphäre zu beschneiden. Fallen Sie zum Beispiel nicht auf
die Finte mit dem Putzen herein! Zu viele junge Männer haben
den Fehler gemacht, ihrer Mutter den Schlüssel zur Wohnung
auszuhändigen, weil sie sich angeboten hat, ein bißchen
sauberzumachen. Klingt ja auch verlockend. Aber machen Sie
es nicht! Denn dann sind Sie zwei Dinge endgültig los: Ihre
Freiheit und Ihren Schlüssel. Den hat Ihre Mutter nämlich
immer dann verlegt, wenn Sie danach fragen. Aber sie hat ihn
nicht verlegt, wenn irgendeine Verwandte achten Grades zu
Besuch ist und die beiden plötzlich in der Tür stehen, um
»Tantchen« die Wohnung zu zeigen. Natürlich genau dann,
wenn Sie gerade mal wieder den Ausnahmezustand ausgerufen
und eine Frau zum Sex mit nach Hause gebracht haben.

Und wenn Ihre Mutter keine Verwandten in die Wohnung
schleppt, dann tausend Abscheulichkeiten, von denen sie
gedacht hat, daß Sie sie gebrauchen könnten. Zum Beispiel ein
Ölgemälde vom Hafen von Piräus: »Weil du doch so gerne
Wasserski läufst...« Oder die alte Stehlampe von Oma, die so
häßlich ist, daß sogar der Hund sich geweigert hat, sich mit ihr
ein Zimmer zu teilen. Oder alles, was in irgendeinem Geschäft
gerade im Angebot war, weil kein vernünftig denkender
Mensch es kaufen würde: Kirschentkerner, Sisalläufer, Schondeckchen mit Sissi-Motiven, 50 Kilo Blumenerde, ein Mario
Lanza-Poster, beleuchtete Plastikgondeln und Biene Maja-Hausschuhe. Und wenn sie Vater überreden kann, ihr zu hel-

fen, steht eines Tages Ihr komplettes Jugendzimmer, noch original beklebt mit den Abziehbildern von Tom und Jerry, Winnie Puuh und den Aristocats, fertig aufgebaut in Ihrer coolen Single-Wohnung.

DIE SACHE MIT DEN HAUSTIEREN

Eine andere Spezies, bei der Sie äußerst kritisch sein müssen, bevor Sie mit ihr eine Wohnung teilen, sind Haustiere.

»Jetzt spinnt er total«, denken Sie. »Was haben denn Haustiere mit Frauen zu tun?«

Bitte, wenn Sie meinen! Kaufen Sie sich ruhig ein Tier und vertrauen dem Verkäufer, wenn er Ihnen versichert, ein Weibchen sei viel anschmiegsamer, pflegeleichter und unkomplizierter. Machen Sie sich ruhig unglücklich! Oder glauben Sie mir, wenn ich Ihnen sage: Auch eine Hündin, eine Katze oder eine Häsin sind nur Frauen. Mit all deren Fehlern und Eigenarten.

Klar, ein Rüde zum Beispiel ist lauter, will sich ständig mit anderen Rüden messen, braucht eine harte Hand, pinkelt überall hin und will jedes heiße Weibchen bespringen. Aber damit können wir doch hervorragend umgehen – schließlich kennen wir diese Eigenarten von uns. Haben wir nicht viel mehr Verständnis für einen strammen Köter, der jedem weiblichen Gast schnaufend und pumpend am Bein hängt, als für eine dämliche Töle, die alle paar Monate scheinschwanger ist, sich hinter dem Sofa vergräbt und einen alten Socken mit ihrem Leben verteidigt?

Ach, Sie wollten sowieso lieber einen Stubentiger. Gut – was ist Ihnen da lieber: mit einem Kater zu leben, der sich nicht anfassen läßt und den Briefträger beißt, dafür aber alle anderen Tiere im Umkreis von 20 Kilometern vertrieben hat? Oder mit einer Katze, die noch schnurrt, während sie Ihnen aus einer weiblichen Laune heraus schon den Unterarmknochen freilegt?

Die Nacht für Nacht eine Meute schreiender Kater vor Ihrem Schlafzimmerfenster versammelt und unter Drohgekreische, Triumphgebrüll und Todesschreien gegeneinander antreten läßt? Nur um sich unter infernalischem Gejammer mit dem blutenden Sieger zu paaren und Ihnen zweimal im Jahr zehn Kätzchen zu bescheren?

Was? Sie wollen immer noch ein Weibchen? Lassen Sie mich raten: Sie haben bis 30 bei Ihrer Mutter gewohnt und dann ihre langjährige Freundin geheiratet, stimmt's? Die Freundin Ihrer Mutter, natürlich. Wissen Sie denn nicht, was bei Ihrem schwachen Charakter nach wenigen Wochen aus Ihrer Katze oder Ihrer Hündin wird? Ein Abbild Ihrer Mutter! Also: Kaufen Sie sich nie ein weibliches Tier. Denn:

30. Ein Weibchen ist immer auch eine Frau

Eine Hündin wird ständig Ihre Schuhe da hinschleppen, wo Sie sie nicht finden, auf dem Sofa den besten Platz beanspruchen, bei Fußballspielen so lange winseln, bis Sie mit ihr raus gehen – und wenn Sie mal spät nach Hause kommen oder Spaß hatten, wird sie etwas kaputtmachen, an dem Ihr Herz hängt.

Eine Katze muß immer dann zum Arzt gefahren werden, wenn Sie sauteure Karten für eine Sportveranstaltung haben, läßt Ihre Autoschlüssel verschwinden, wenn Sie mit einer Frau verabredet sind und führt sich auf wie Dschingis Khans Stallknecht, wenn Sie jemanden mit nach Hause bringen.

Und? Haben Sie es jetzt kapiert? Was? Dann nehmen Sie lieber einen Wellensittich? Gut, machen Sie das. Aber achten Sie darauf, daß die Nase (das ist beim Wellensittich der Höcker über dem Schnabel) blau ist. Dann ist es ein Männchen.

Das war soweit alles, was Sie über Hausgenossen wissen müssen. Vielleicht noch ein klitzekleiner Hinweis – auch auf die Gefahr hin, etwas zu übertreiben: Es gibt verschiedene Farne, bei denen zwischen weiblichen und männlichen Exemplaren unterschieden wird. Wenn Sie jegliches Risiko ausschließen wollen, lesen Sie Ihren Pflanzen die Vereinschronik von Borussia Dortmund vor und gießen je Liter Topfvolumen einen halben Liter Altbier hinzu. Danach schmeißen Sie alle Gewächse auf den Müll, die die Blätter hängen lassen. Es sind weibliche Pflanzen – oder Anhänger des 1. FC Köln.

IV. DIE VENUSFALLE

Im Leben eines Mannes schlägt irgendwann die Natur unbarmherzig zu. Unsichtbare, hinterhältige Gene manipulieren ungeniert in ihm herum, und seine Hormone spielen sich plötzlich auf wie Teenager auf dem Fünfmeterbrett: Es ist Paarungszeit, das Männchen der Gattung Homo sapiens gelüstet es nach einer Gespielin. So war es, seit wir auf Flossen aus dem Wasser gekrochen sind und dort auf das erste Weibchen trafen – das fünf Minuten vorher aus dem Wasser gekrochen war, weil es sich noch die Haare fönen und sich ein bißchen frisch machen wollte. Damals war Mann dann auch nicht so wählerisch. Hauptsache, die Kleine hatte gutgewachsene Flossen und roch noch ein bißchen nach Fisch. Heute ist das alles ein bißchen komplizierter. Vor allem, seitdem irgend so ein schwachsinniger Softie die Parole mit den »inneren Werten« ausgegeben hat. Wahrscheinlich hatte er damit auch nur auf sich selbst angespielt, weil er zwar ganz nett, aber leider häßlich wie eine Kreuzkröte mit Akne war. Seitdem rennt jedenfalls die ganze Welt hinter »der Richtigen« her. Die toll aussieht, aber auch was in der Birne hat. Mit der man lachen, aber auch ernsthaft diskutieren kann. Die im Ballkleid genauso eine gute Figur macht wie in zerrissenen Jeans. Die Manieren hat wie eine Baronesse, sich im Bett aber aufführt wie ein Söldnerflittchen. Und die vor allem ein richtig dufter Kumpel ist.

Für mich klingt das nicht nach einer Frau, sondern nach dem Versuch, alles zusammenzuschütten, was man Leckeres in der Hausbar findet. Und wenn Sie das jemals versucht haben, dann wissen Sie, wie es endet: Mit jeder Menge Kopfschmerzen.

»Die Richtige«: Woher weiß ich, daß sie es ist? Vor allem, wenn ich doch noch gar nicht alle kenne! Wie einfach ist dagegen der Autokauf. Die Modellpalette ist bekannt, man sieht die Typen jeden Tag auf der Straße und kann sich ein Bild davon machen, wie sie beim jeweiligen Pflegestand in ein paar Jahren aussehen. Wem das nicht reicht, der ersteht eine der zahllosen Fachzeitschriften und läßt sich ausführlich beraten und informieren. Dann geht man zum Händler seines Vertrauens und macht erst mal ein paar Probefahrten mit Modellen, die man sich nie leisten können wird. Und hinterher sucht man dann sein Modell aus. Wobei man noch wählen kann, in welcher Farbe und Ausstattung und mit welchen Extras. Und wenn man scharf auf das Teil ist, daß der Nachbar hat – dann kauft man sich das gleiche. Nur jünger!

Mal im Ernst: Treten da nicht jedem Mann, der auf Brautschau ist, vor Neid die Tränen in die Augen? Und dann bekommt der Autokäufer auch noch Garantie – und die erste Inspektion ist umsonst! Kein Wunder, daß so eine Beziehung zu einem Auto dann länger hält als viele Ehen!

Wie ist das denn, wenn Sie, kurz nachdem Sie mit einer Frau zusammengekommen sind, die ersten Macken entdecken? Das können Sie nicht bei der ersten Inspektion vom Fachmann richten lassen. Da müssen Sie selbst Hand anlegen oder mit den Macken leben. Welche Macken ich meine? Nun, die unterscheiden wir in zwei Kategorien:

I. Dinge, die wir anfangs total süß oder interessant fanden, die uns aber spätestens nach einem Monat tierisch nerven.
II. Dinge, von denen wir nichts wußten, und die uns erst auffallen, wenn die Masken, die Hüllen oder die Schminke fallen.

Fangen wir beim ersten Punkt an. Hier ist meine Hitliste der Dinge, die man anfangs süß oder interessant findet, die aber spätestens nach einem Monat tierisch anfangen zu nerven:

Die süße Zahnlücke. Die gar nicht mehr so süß ist, wenn nach jedem Essen halbe Hähnchen oder zwei Pfund Zwiebeln darin hängen und sie knutschen will. Und dann diese lauten Sauggeräusche beim Reinigungsversuch vor dem Fernseher – wie der Absauger beim Zahnarzt!

Ihr herzliches Verhältnis zum Ex-Freund. Das finden wir toll, daß man sich auch nach einer Beziehung in Freundschaft verbunden bleiben kann. Aber irgendwann geht es uns auf den Sack, daß sie ständig mit ihm über unsere Sexprobleme redet und die beiden weiterhin über Ostern zu seiner Mutter fahren.

Daß sie nicht genau versteht, was Sie beruflich eigentlich machen. Sie lieben es, es ihr zu erklären. Aber Sie hassen es, wenn Sie es nach ein paar Monaten immer noch erklären müssen. Und zwar jedesmal, wenn Sie abends mal einen Termin haben, später nach Hause kommen oder für ein paar Tage beruflich weg müssen.

Daß sie zu eitel ist, ihre Brille aufzusetzen. Das finden Sie zum Schießen. Bis Ihre Freundin zum zehnten Mal behauptet, sie hätte Sie in der Stadt mit einer anderen Frau gesehen, obwohl Sie acht Stunden am Stück geackert haben wie ein Mietpferd. Oder wenn sie in Ihrer Stammkneipe lautstark keifend von Ihnen verlangt, Sie sollen sich mit einem Schirmständer prügeln, weil »der Typ in der Ecke« sie die ganze Zeit schon so lüstern angrinst.

Daß sie Komplimente wie ein Schwamm aufsaugt. Das ist toll, und Sie fühlen sich wie Don Juan, wenn die Liebste unter der wiederholten Lobpreisung ihrer zarten Haut, ihrer schlanken Fesseln, ihrer festen Brüste, vollen Lippen, seidigen Haare, zierlichen Hände usw. errötet und Sie anschmachtet wie einen fleischgewordenen Traum. Nach spätestens drei Monaten wissen Sie aber, was ein Eskalationsmodell ist und wie es zum

Kalten Krieg kam: Sie will immer mehr, immer neuere und ausgefallenere Komplimente hören. Und so zieht die Schmeichelei die Lüge und die Lüge den Betrug nach sich. Über kurz oder lang sind Sie es dann leid, ihr Haar als »glänzend wie Schmetterlingsflügel, deren schimmernde Pracht die Sonne beschämt« zu beschreiben – besonders, wenn es nur eine ganz profane Fettschicht ist, die im Licht der Nachttischlampe die wenigen Strähnen zum Glänzen bringt, die zwischen Quarkmaske und Lockenhaube zu sehen sind.

Ja, ihr Dichter dieser Welt! Dieser Epos blieb ungesungen, dieses Abenteuer blieb ungerühmt. Wo seid ihr, ihr Vergils und Homers, zu preisen den Mann, der vor der Wahrheit trotzig die Augen verschloß, der sich selbst belog, unterdrückte und beschämte – nur um der Liebe Willen?

Und das war ja nur der erste Punkt. Kommen wir zum zweiten Teil unserer Mängelliste: Dinge, von denen wir nichts wußten, und die uns erst auffallen, wenn die Masken, die Hüllen oder die Schminke fallen. Denn:

31. FRAUEN BETRÜGEN UNS BEI ÄUSSERLICHKEITEN

Als wir sie kennenlernten, war sie faszinierend und unnahbar. Endlose Beine, ein wissendes Lächeln und dieses amüsierte Blitzen in den Katzenaugen, das uns einen süßen Toren schalt. Denn wir machten uns mit Begeisterung zum Narren und taten alles, um sie, wenn nicht zum Sprechen, so doch wenigstens zum Lachen zu bringen. Und es funktionierte!

Am nächsten Morgen, nach dem Rausch der Gefühle und zu vieler Southern Comfort, entzaubert die Venus sich mit einem Satz selbst: »Isch geh ma innen Bat, ne? Hap noch die Linsen drin.« Und dann stapft sie auf ihren viel zu kurzen Beinen ins Bad, pinkelt ins Bidet (»...du hast abbern komisches Klo!«) und wischt sich mit Ihrem besten T-Shirt die Schminke weg. Die erste Schicht jedenfalls – für den Rest braucht sie dann noch mal zwei T-Shirts. Und wir kapieren auf einen Schlag, daß man fünf Dinge bei einer Frau auch in Suff und Dunkelheit immer beachten muß:

• Der IQ sollte immer höher als die Absätze sein.
• Verlangen Sie eine Sprechprobe. Sonst stellen Sie erst hinterher fest, daß das einzig Echte an der Frau ihr schauderhafter Dialekt ist.
• Wenn eine Frau Ihnen zublinzelt, kann das hocherotische Anmache sein. Manchmal aber auch nur eine falsche Wimper, die ihr unter die gefärbten Linsen gerutscht ist.
• Nie vergessen: Manche Frauen haben nur ihr Idealgewicht, wenn sie noch nicht geschminkt sind. Achten Sie auf häufiges Nicken oder gesenkten Kopf. Das ist kein Zeichen von Zustimmung und Demut, sondern ein Hinweis darauf, daß das Make-up wahrscheinlich zehn Pfund wiegt und zu schwer für die Halsmuskulatur ist.
• Eine Frau, die über jede Ihrer geistreichen Zoten und intelligenten Anspielungen lacht, ist suspekt. Vielleicht ist Lachen die einzige Reaktion, zu der sie intellektuell in der Lage ist. Stellen Sie ihr eine Falle. Fragen Sie sie nach ihrem Lieblingssatiriker. Stutzig werden sollten Sie bei Antworten wie: »Hab' ich keinen. Das lass' ich immer beim Frauenarzt mitmachen.«

Sie sehen, es ist nicht so falsch, wenn man vom Sich-in-eine-Beziehung-Stürzen spricht. Ohne Vorsichtsmaßnahmen oder Absicherungen kann aus dem Sprung ins Ungewisse ein Sturz ins Bodenlose werden. Aber dafür ist ja dieses Buch da. Ein literarisches Bungeeseil, daß Ihnen die Möglichkeit gibt, den Sprung zu simulieren, ohne aufschlagen zu müssen. Natürlich gibt es auch immer die Möglichkeit, sich langsam auf eine Beziehung einzulassen – sozusagen einen Fallschirm zu benutzen. Aber ein Fallschirm verlangsamt nur den Sturz – landen müssen Sie früher oder später doch. Und das sollten Sie sich lieber zweimal überlegen. Es kann einfach nicht funktionieren. Weil Frauen so schrecklich anders sind als wir.

32. FRAUEN HABEN LANGE HAARE

Grundsätzlich ist nichts dagegen einzuwenden, daß Frauen lange Haare haben. Ganz im Gegenteil. Aber sie gehören auf den Kopf. Nicht unter die Arme, nicht ins Waschbecken, nicht auf meine Bürste und nicht auf meine Jacke – schon gar nicht, wenn sie nicht von meiner Freundin sind.

Als Gott das perfekte Verbrechen erfand, schloß er zwei Gruppen davon aus: Katzen und Frauen. Beide hinterlassen überall, und egal wie lange sie sich dort aufgehalten haben, genug Haare, um daraus einen Beweis zu stricken. Oder einen warmen Pullover in Größe 52.

Warum lassen sich Frauen überhaupt ihre Haare wachsen? Praktisch ist es bestimmt nicht, dieser Punkt scheidet ganz klar aus. Praktisch sind die Frisuren, die weibliche Fahrradkuriere, Omas und Vorsitzende von Frauengruppen an der Marburger Universität tragen. Also die Modelle, bei denen es mehr auf die politische Aussage als auf die Optik ankommt. Denn schön sind lange Haare ja. Aber schön sind auch lange Beine – und die lassen sich die wenigsten Frauen wachsen.

Die meisten Frauen lassen sich den Kopfputz wohl nur stehen, um immer eine Ausrede zur Hand zu haben. Oder durften Sie noch nie eine telefonische Absage wie diese hören: »Zum Weihnachtsmarkt? Würde ich ja gerne gehen. Aber Montag kann ich nicht. Da muß ich mir die Haare waschen. Dienstag? Nee, da sind sie noch nicht trocken! Mittwoch? Hab' ich einen Frisörtermin. Ruf doch im August noch mal an.«

Eine mögliche Theorie, warum sich Frauen die Haare wachsen lassen, haben wir nun. Aber warum werden die Dinger bei einigen Frauen länger als bei anderen? Ich habe da meine eigene Theorie entwickelt und nenne sie die »Rapunzelformel«. Nach dieser Formel läßt sich die Intelligenz einer Frau genau berechnen. Sie nehmen einfach die Haarlänge, teilen diese durch die Höhe der Absätze, multiplizieren mit der Anzahl der Schuljahre (Ehrenrunden werden mit dem Faktor 2 multipliziert und subtrahiert) und ziehen den Brustumfang ab. Die sich daraus ergebende Zahl ist der IQ. Liegt das Ergebnis unter Null, schlagen Sie bitte den Brustumfang wieder drauf. Das ist zwar mathematisch nicht korrekt, aber realistisch gesehen in Ordnung, da im richtigen Leben mangelnde Intelligenz oftmals auch durch Brustumfang wettgemacht wird. Werfen Sie mal einen Blick ins mittlere Management, dann wissen Sie, was ich meine.

33. FRAUEN KÖNNEN NICHT SACHLICH DISKUTIEREN

Mit einer Frau eine sachliche Diskussion über die Beziehung zu führen ist so sinnlos wie ein Boxkampf mit Mike Tyson. Sobald sie in der Defensive sind, fangen nämlich auch Frauen an zu beißen. Und zwar ohne Rücksicht auf Verluste, Stil, Umgangston und Verhältnismäßigkeit der Mittel. Hier ein typischer Gesprächsverlauf:

ER: 'tschuldigung, Schatz – aber du weißt doch, daß ich gegen Kümmel allergisch bin!
SIE: Dann laß dir doch dein Essen von den Schlampen aus deinem Büro machen. Mit denen treibst du es doch bestimmt sowieso.
ER: Findest du nicht, daß du ein bißchen überreagierst?
SIE: Meine Mutter hat mich gewarnt: Ich hätte Frank heiraten sollen. Der hat einen Mercedes und ist Abteilungsleiter.
ER: Wieso kann man mit dir nicht vernünftig diskutieren?
SIE: Aber du mit deinem Mundgeruch. Und meine Orgasmen habe ich dir alle nur vorgespielt.

34. Frauen menstruieren

Natürlich kann man Frauen nicht vorwerfen, daß sie menstruieren. Sie haben sich das ja schließlich nicht ausgedacht. Aber sie denken es sich oft aus. Jedem Mann sei geraten, den Zyklus der Partnerin genau nachzuhalten. Erstens macht das einen emanzipierten Eindruck, und zweitens schützt man sich so vor hinterhältigen Betrügereien. So sollten Sie stutzig werden, wenn die Regel zur Regel wird, also mehr als einmal im Monat auftritt oder länger als eine Woche dauert. Als Faustregel gilt: Wenn zwischen den Menstruationen weniger als zwei Heimspiele Ihrer Fußballmannschaft liegen, ist entweder Winterpause in der Bundesliga oder Sendepause in Ihrer Beziehung.

35. Frauen sprechen eine eigene Sprache

Frauen beschweren sich gerne, daß Männer nicht zuhören würden. Das ist natürlich völliger Blödsinn. Männer sind die besten Zuhörer der Welt. Wir haben das Zuhören fast schon zu einem Hochleistungssport erhoben, der olympischen Status bekommen sollte. Wir sind so gut im Zuhören, daß wir sogar nebenbei noch etwas anderes machen können. Zum Beispiel fernsehen oder lesen.

Die Wahrheit im Bezug auf das kommunikative Unvermögen zwischen Männern und Frauen ist so einfach zu erklären wie die Verständigungsschwierigkeiten zwischen Hunden und Katzen: Wir sprechen verschiedene Sprachen. Wenn eine Katze den Schwanz aufrichtet, fühlt sie sich wohl – wenn ein Hund den Schwanz aufrichtet, fühlt er sich bedroht. Wenn ein Mann den ... nein, das ist jetzt ein Beispiel, das in die falsche Richtung führt. Fangen wir anders an: Der gleiche Satz kann von Männern und Frauen völlig verschieden aufgefaßt werden. Nehmen wir eine harmlose Feststellung wie: »Du siehst heute zum Verlieben aus«. Für einen Mann ein Kompliment, für eine

Frau eine Beleidigung. Denn sie konstatiert sofort: »Ach? Und gestern sah ich wohl zum Fürchten aus, was?«

Genauso wie eine Frau einen einfachen Satz falsch auffassen kann, gibt es auch viele Sätze, die bei ihr etwas anderes meinen, als Sie glauben. Hier ein paar Beispiele, um Sie für dieses Problem zu sensibilisieren:

- »Du bist so anders als meine bisherigen Männer!« *(Durch Dich weiß ich erst, was ich an meinen Ex-Freunden hatte.)*
- »Ich möchte dich gerne meinen Eltern vorstellen.« *(Ich kann mich alleine nicht entscheiden, ob ich dich nehmen soll.)*
- »Du bist immer so einfühlsam und zärtlich.« *(Du bist vielleicht ein Weichei – pack doch mal richtig zu!)*
- »Wie geht es dir?« *(Frag mich mal, wie es mir geht!)*
- »Laß uns mal wieder ein richtig schönes, ruhiges Wochenende zu Hause verbringen.« *(Meine Mutter kommt am Freitag für ein paar Tage zu Besuch.)*
- »Sex mit dir ist immer wieder aufregend!« *(Beim Sex mit dir könnte ich mich immer wieder aufregen!)*
- »Mein Kegelclub fährt nach Mallorca. Ich habe aber eigentlich keine Lust auf so was.« *(Fährst du mich zum Flughafen? Bekomme ich deine Eurocard? Gegen welche Geschlechtskrankheiten kann man sich eigentlich impfen lassen?)*

36. FRAUEN BEKOMMEN KINDER

Grundsätzlich ist nichts dagegen einzuwenden, daß Frauen Kinder bekommen. Aber warum haben sie dabei immer so ein schlechtes Timing? Der richtige Zeitpunkt, ein Kind zu bekommen, ist folgender: Sie haben ein Haus mit 300 Quadratmetern, gerade im Lotto gewonnen, lieben Ihre Frau abgöttisch und wünschen sich nichts sehnlicher als einen Stammhalter. Der Zeitpunkt, an dem Ihre Frau schwanger wird, ist folgender: Sie leben auf 20 Quadratmetern mit Ölofen, sind gerade gefeuert worden, haben sich unsterblich in eine andere Frau verliebt und sind allergisch gegen Babypuder.

Wenn es um das Kinderkriegen geht, kämpfen Männer einen verzweifelten Zweifrontenkrieg. Auf der einen Seite gegen unsere Freundinnen/Frauen, die behaupten, es wäre nun mal die genetische Aufgabe und auch der sehnlichste Wunsch eines Weibchens, ein Kind zu bekommen. Was natürlich rückständiger Schwachsinn ist. Nach *der* Logik wäre es auch die Aufgabe des Männchens, Tiere zu erlegen und Widersacher mit einer Keule zu töten. Aber gehen Sie mal in den Zoo und schießen sich eine saftige Antilope. Oder schlagen einem Typen, der in der Disco Ihrer Freundin/Frau schöne Augen macht, den Schädel ein. *Das* verbietet der Gesetzgeber nämlich. Nur dieses Kinderkriegen – das ist komischerweise immer noch legal. In dieser Beziehung können wir wirklich mal wieder von unseren chinesischen Nachbarn lernen. Da ist zwar *ein* Kind immer noch erlaubt, aber die Jungs sind wenigstens schon einen Schritt in die richtige Richtung gegangen.

Der zweite Gegner, dem ein Mann furchtlos ins Antlitz blicken muß, ist die biologische Uhr. Die biologische Uhr ist so eine Art Industrie-TÜV für weibliche Säugetiere. Irgendwann wird die Anlage stillgelegt, und die Angst ist groß, daß vorher damit nichts produziert wurde. Wobei ich nicht verstehe, daß Frauen einen so großen Drang haben, aus einer Möglichkeit gleich einen Zwang zu machen. Nur weil man Kinder bekommen kann, muß man sich doch nicht geradezu manisch dazu verpflichtet fühlen, es auch zu tun. Aber Frauen – Frauen müssen alles, was sie haben, auch benutzen. Deshalb bin ich so froh, daß es angesichts der Bedrohung durch Atombomben keine Weltmacht mit weiblichen Regierungschefs gibt. Die würden sie benutzen – wenn doch die Dinger schon mal da sind ...

Ein bißchen Angst hatte ich nur bei Maggie Thatcher, aber die stellte sich glücklicherweise trotz des irritierenden Namens als echter Kerl heraus.

37. Frauen rasieren sich die Beine

Kein Mann hat etwas dagegen, daß Frauen sich die Beine rasieren. Ganz im Gegenteil: Wer sich einmal die Wange an einem Frauenbein aufgerissen hat wie an einer unverputzten Kellerwand, der kann plötzlich nachempfinden, warum Frauen glatte Männerwangen mögen. Ein Rätsel bleibt dabei aber, warum sie nicht die zahllosen im Handel angebotenen und in ihrem Badezimmer aufgebauten Ladyshaver und Zupfgeräte benutzen, sondern immer Ihren Naßrasierer. Und wenn der ganze Raum voller spezieller, auf Frauenhaut und Frauenhaar abgestimmter und sauteurer Spezialgeräte ist – sie greift, wie unter Hypnose, immer zu Ihrem Gillette Sensor.

Nur der Trockenrasierer ist Tabu. Den findet sie eklig. Denn damit rasiert sie ja immer die ausgefransten Ränder ihrer Rollkragenpullover sauber.

Dieses Verhalten von Frauen ist so unerklärlich wie unfair. Sie benutzen ja auch nicht ihr Epiliergerät! Und das sollten Sie übrigens auch nie versuchen!

Das schlimmste, was Ihnen in Ihrem eigenen Bad passieren kann, ist ein achtlos abgelegtes Epiliergerät. Und zwar genau an der Stelle, an der sonst Ihr Rasierer liegt. Die Dinger sehen sich verdammt ähnlich – besonders morgens, wenn man noch nicht ganz so wach oder nüchtern ist. In dem Moment, in dem Sie sich das Gerät eingeschaltet an die Oberlippe halten, lernen Sie ein ganz neues Gefühl kennen. Ein Gefühl, als ob Ihnen ein Pitbull auf Ecstasy ins Gesicht gesprungen wäre.

38. Frauen kommen mit Frauen nicht aus

Bringen Sie mal eine andere Frau mit nach Hause. Mann, gibt das ein Gezeter!

39. Frauen antworten nicht auf Fragen

Männer und Frauen haben unterschiedliche Leidenschaften. Männer zum Beispiel lieben ein klares Wort. Frauen dagegen entwickeln eine fast erotische Beziehung zu dem Versuch, auf keine Frage zu antworten. Wenn eine Frau vor dem Altar ihr »Ja« haucht, ist das meist die letzte klare Antwort, die Sie für die nächsten 50 Jahre von ihr erwarten können. Um sich darum zu drücken, entwickelt sie einen Einfallsreichtum, der klar macht, warum alle großen Erfindungen außer dem Reißverschluß von Männern gemacht wurden: Frauen haben keine Zeit für revolutionäre Innovationen – sie entwickeln lieber Modelle zur Vermeidung von Antworten:

ER: Wo ist denn die Schere?
SIE: Was willst du damit?
ER: Mir die Nägel schneiden. Wo ist die Schere?
SIE: Auf ihrem Platz.
ER: Prima. Wo ist ihr Platz?
SIE: Da, wo sie immer liegt.
ER: Logisch. Und wo liegt sie immer?
SIE: Auf dem Schränkchen.
ER: Wir haben ungefähr fünf Schränkchen. Auf welchem liegt die Schere?
SIE: Ach, genau: Wann willst du endlich den Griff an der Kommode festmachen?
ER: Sobald ich mir die Nägel geschnitten habe. Wo ist die Schere?
SIE: Ich hol' sie dir. Laß mich nur schnell das Buch zu Ende lesen. *(Pause)* Hey, wo willst du hin?
ER: Schere kaufen.

40. FRAUEN HABEN KEINE BEZIEHUNG
ZU ELEKTRISCHEN GERÄTEN

Das einzige, womit sich Frauen noch weniger auskennen als mit Männern, sind elektrische Geräte. Die Beziehung einer Frau zu Computern, Stereoanlagen und Faxgeräten läßt sich mit zwei Schlagworten beschreiben: Mißbrauch und Verweigerung. Frauen können technische Geräte durch bloßes Handauflegen (bei manchen reicht sogar die bloße Anwesenheit) in Wracks verwandeln. In seelische Wracks. Ein High-Tech-Baustein ist ja schließlich auch nur ein Mensch. Mein erster VHS-Rekorder hat sich freiwillig das Leben genommen, nachdem meine Freundin zwei Stunden lang versuchte, ihn mit der Fernbedienung meines Anrufbeantworters auf einen Radiosender zu programmieren. Er schied aus meinem Leben, indem er sich freiwillig alle Speicherplätze auf eine Sendung mit Alice Schwarzer und Hella von Sinnen einstellte und schmolz.

Genauso sinnentleert ist der Kleinkrieg, der zwischen Radioweckern und Frauen tobt. Richten Sie sich auf harte Zeiten ein, wenn zur Weihnachtszeit bei Tschibo mal wieder ein solches Gerät im Angebot ist. Irgendein wohlmeinender und ideenloser Verwandter wird ihn unter dem Weihnachtsbaum plazieren – und Ihnen damit die Nächte zum Tage machen. Der Wecker wird zum Katalysator, der Ihnen wieder einmal den Erfindungsgeist der Gattung Frau aufzeigen wird. Wenn es 20 Möglichkeiten gibt, bei der Programmierung einen Fehler zu machen – Ihre Frau wird 40 finden. Und alle führen dazu, daß das Ding zwischen 3.30 Uhr und 5.15 Uhr mit der Geräuschentwicklung eines entgleisenden Güterzuges voller Flaschen anspringt. Akzeptieren Sie einfach, daß es nur eine Lösung gibt: Kaufen Sie einen zweiten Tschibo-Wecker und stellen ihn bei geringster Lautstärke auf 1 Uhr. Nach dem Erwachen schleichen Sie auf die Bettseite Ihrer Frau und stellen deren Wecker richtig

ein. Und keine Angst, daß die Liebste von Ihrem Wecker auf-
wacht. Sie zuckt ja auch mit keiner Wimper, wenn auf ihrem
Nachttisch zwischen 3.30 Uhr und 5.15 Uhr der dritte Weltkrieg
beginnt.

41. FRAUEN HABEN HOHE STIMMEN

Die Stimme einer Frau ist einzigartig. Kein anderes Säugetier
ist in der Lage, dieses Organ so lange und ausdauernd einzu-
setzen wie das Weibchen der Gattung Homo sapiens. Die Höhe
der Stimme ist dabei ein wichtiges und leider in Vergessenheit
geratenes Indiz für den Grad ihrer Fraulichkeit, sprich die
Anzahl weiblicher Hormone. Als Beweis dafür mag gelten, daß
Kastraten sich auch heute noch durch ihre Fistelstimmen aus-
zeichnen – und daß russische Sportlerinnen sich nach ihrer
Laufbahn (und der damit verbundenen Einnahme anaboler
Steroide) dreimal täglich rasieren und in den Marinechor der
Schwarzmeerflotte eintreten.

Einen aktuellen Nachweis für die Verbindung zwischen
Stimmlage und Hormonlage stellt uns seit einigen Jahren
freundlicherweise der Privatsender RTL2 zur Verfügung. Und
zwar in Form seines sexualwissenschaftlichen Fachmagazins
»Peep« und der beiden bisherigen Moderatorinnen Amanda
Lear und Verona Feldbusch.

Amanda Lear, bekannt geworden durch ihre überzeugende
Synchronisation des Bären »Balu« in der Disney-Verfilmung
des Dschungelbuchs, war die erste Frontfrau des Formates
»Peep«. Auf den ersten Blick eine ältere Frau mit einem leichten Akzent. Angeblich englisch. Gute Beobachter erkannten
aber an der Stimmlage, daß beides nur oberflächlich betrachtet
stimmte. Und richtig: Nach Dienstschluß bei »Peep« schmink-
te sich Amanda Lear ab, klebte sich ihren Bart wieder an und
widmete sich ihrer zweiten Karriere: Als russischer Volkssänger
Ivan Rebroff.

Verona Feldbusch, bekannt geworden durch ihre überzeugende Synchronisation des Delphins »Flipper« in der gleichnamigen Fernsehserie, war die zweite Frontfrau des Formates »Peep«. Bei geschlossenen Augen ist schon an der Stimmlage zu erkennen, daß sie genug Weiblichkeit besitzt, um einen katholischen Nonnenstift in einen Swingerclub zu verwandeln. Der Eindruck verfestigt sich mit geöffneten Augen. Zumal die Stimmlage ein unzureichendes Indiz ist, da wir nur 20 Prozent der Laute von Verona Feldbusch aufnehmen können. Der Rest ist lediglich für Hunde und Fledermäuse wahrnehmbar.

Überhaupt treffen wir im Medium Fernsehen vermehrt auf Frauen. Aber nicht nur in Kochsendungen und bei der Seelsorge (z. B. Alfred Biolek und Wolfgang Domian), sondern auch in Bereichen, in denen Frauen soviel verloren haben wie ein Gewichtheber im Schwanensee. Frauen sind beim Fernsehen wahrscheinlich auch nur deshalb so erfolgreich, weil Frauen und Fernsehen große Übereinstimmungen aufweisen. Beide sind ursprünglich erschaffen worden, um uns Männer zu unterhalten. Sind dann aber immer mehr in den Mittelpunkt gerückt und bestimmen seitdem unseren Tagesablauf, unsere Kaufgewohnheiten und unsere Meinung.

Ich würde gerne noch näher auf das Thema »Fernsehen« eingehen – aber dafür bin ich nicht häßlich genug. Ich empfehle Ihnen dazu den wissenschaftlichen Essay »101 GRÜNDE Kein Fernsehen zu gucken« meiner Kollegen Jens Klocke und Laabs Kowalski. Das Buch ist ebenfalls im Rake Verlag erschienen und ist das beste Werk diesen Titels, das ich je gelesen habe.

42. FRAUEN HABEN BRÜSTE

Auf den ersten Blick ist die Tatsache der Bindegewebsansammlung im Oberkörperbereich nicht von Nachteil. Aus irgendwelchen Gründen, die nur Psychologen, Biologen und Kioskbesitzer erklären können, stehen wir Männer sogar drauf.

Aber sobald Sie mit einer Frau intimer werden als ein Kopfnicken in der Straßenbahn, machen die Dinger nur Ärger. Entweder sind sie zu klein, zu groß, zu birnen-, apfel-, pflaumen-, oder kürbisförmig, zu tief oder zu hoch angesetzt, zu faltig, zu spitz, zu gelb, zu rot, zu hängend oder zu operiert. Gott bewahre, nicht für uns – für die Trägerin! Die Frau, die mit ihrer Oberweite zufrieden ist, ist so selten wie die blaue Mauritius auf einer Postwurfsendung von Beate Uhse.

Die weibliche Brust ist ein Quell der Freude, aber auch ein Kelch des Trübsals. Was gibt es Schöneres, als ihre Formen unter T-Shirts oder Hemden zu erahnen, dem sanften Schwung des Busens mit den Augen bis zur textilen Sperrzone zu folgen, das leichte Wippen oder sanfte Wogen zu genießen, das jedem Schritt folgt. Und was ist es für ein spannender Genuß, sich Knopf für Knopf, Zentimeter für Zentimeter an sie heranzutasten und dem Moment entgegenzufiebern, wenn sie zum ersten Mal in ihrer ganzen Pracht vor uns liegen und uns mit ihren Knopfaugen keck anstarren. Und durch den Nebel der Emotionen, das pulsierende Rauschen des Blutes, das wie ein Wasserfall in unseren Ohren tost, hören wir ihre Stimme: »Gefallen sie dir?«

Kleiner Tip: Versauen Sie sich jetzt nicht das ganze Vorspiel und antworten auf diese Frage. Sie können es gar nicht richtig machen. Halten Sie sich an den Rat Ihrer Mutter, daß man mit vollem Mund nicht spricht, und füllen ihn sanft aber entschlossen mit dem Naheliegendsten – einer Brust. Oder, je nach Größe, mit einem Stück Brust oder beiden Brüsten.

Aber wenn Sie alles besser wissen und den Kitzel der Gefahr lieben, antworten Sie ruhig. Dann können Sie aber auch gleich ein Taxi rufen, weil einer von Ihnen beiden in den nächsten zehn Minuten nach Hause fährt. Je nachdem, in welcher Wohnung Sie sind. Kleine Textprobe?

SIE: Gefallen sie dir? Nicht zu klein?
ER: Nein, genau richtig!

SIE: Wie waren denn die Brüste deiner Ex-Freundin?

ER: Was? Puhh ... ein bißchen größer. Aber sie hingen dafür auch ganz furchtbar. Wie Mehlsäcke.

SIE: Und warum warst du dann mit ihr zusammen?

ER: Weil ... weil es kommt doch nicht auf die Brüste an, nicht? Sondern auf den Charakter und so.

SIE: Schön, daß du das so siehst. Dann kannst du doch ruhig zugeben, daß meine Brüste nicht gerade die größten sind.

ER: Naja, ein bißchen größer wäre schon schön, aber ...

SIE: Zieh dich an. Ich ruf dir ein Taxi!

Bevor Sie jetzt argumentieren, *Ihre* Freundin hätte aber große Brüste: Sie können die Begriffe »Groß«, »Rund«, »Fest« oder die jeweiligen Gegenteile beliebig in den obenstehenden Text einfügen. Das Ergebnis ist immer ein Taxi. Und versuchen Sie erst gar nicht den alten Trick, daß die Brüste Ihrer Ex genau so gewesen wären, wie die der Frau, die Sie gerade begatten wollen. Dann bekommen Sie außer einem Taxi auch noch einen Tritt dahin, wo Sie gerade am besten durchblutet sind.

43. FRAUEN ALTERN SCHNELLER ALS MÄNNER

Steinigen Sie mich, aber es stimmt. Das können Ihnen alle Dermatologen und Udo Jürgens bestätigen. Wenn Sie mit 35 eine Frau heiraten, die Ihre Tochter sein könnte, haben Sie mit 50 eine Frau, die Ihre Mutter sein könnte. Natürlich ist es nur ein optisches Problem, denn letztlich leben Frauen ja statistisch gesehen länger als Männer. Aber wir leben nun mal in einer Zeit, in der Falten nur in Gardinen, graue Haare auf Wölfe und Tränensäcke auf TV-Kommisare gehören. Eine Frau hat jung, knackig und straff zu sein. Die einzigen Ausnahmen bilden Joan Collins und Zsa Zsa Gabor. Aber die beiden werden ja bereits in der Bibel erwähnt: Als das älteste Gewebe der Welt.

44. Frauen wissen, was sie wollen – sagen es aber nicht

Wenn eine Frau einen Mann nach seiner Meinung fragt, liegt das vielleicht an Unwissenheit, mangelndem Selbstbewußtsein, fehlender Kompetenz in einem seiner zahlreichen Fachgebiete – oder einfach an simpler Blödheit.

In den meisten Fällen ist es aber eiskaltes Kalkül. Die Abfrage der Meinung des Mannes dient nur dem Zweck, sie mit der eigenen zu vergleichen. Stimmen sie überein, ist das zwar ein Zeichen von Harmonie, wird aber auch gerne genutzt, um ihm seine geistige Unbeweglichkeit zu demonstrieren.

SIE: Schatz, was möchtest du gerne essen?
ER: Wie wäre es mit Gemüseauflauf, den du so gerne magst?
SIE: Na, da wäre ich auch alleine drauf gekommen. Warum frage ich dich überhaupt?!

Sollten die Meinungen allerdings nicht übereinstimmen, greift das zweite Modell: Die Aussage des Mannes wird einfach ignoriert.

SIE: Schatz, was möchtest du gerne essen?
ER: Schön, daß du fragst. So ein richtig schönes Steak mit Salat – darauf hätte ich so richtig Lust.
SIE: Aha! Und was hältst du von einem Gemüseauflauf?
ER: Nichts. Ein Steak wäre mir lieber.
SIE: Gut! Dann mache ich den Gemüseauflauf. Steak können wir ja dann irgendwann anders essen.
ER: Sag mal: Warum fragst du überhaupt, wenn du dann doch machst, was du willst?
SIE: Damit du mir nicht wieder vorwirfst, ich würde alles alleine entscheiden.

Der dritte Grund, warum eine Frau einen Mann nach etwas fragt, gehört auch in den Bereich der rhetorischen Fragen. Also der Fragen, die nicht gestellt werden, um eine Antwort zu erhalten, sondern um damit eine vorgefaßte Meinung bestätigt zu bekommen:

45. Frauen stellen Fragen, die Männer nicht beantworten können

Ein beliebtes Mittel, um Männern ihre Lebensunfähigkeit und ihren Egoismus aufzuzeigen, ist, sie Dinge zu fragen, die ein Mann unmöglich wissen kann. Hier ein paar typische Beispiele weiblicher Intriganz:

• *»Was könnte ich denn meiner Mutter zum Hochzeitstag schenken?«* Wir haben nicht die leiseste Ahnung! Wir wissen ja nicht mal, was wir unserer Frau/Freundin zum Geburtstag schenken sollen, ohne daß sie hinterher wieder zwei Wochen nicht mit uns schläft. Obwohl der Verkäufer letztes Jahr versichert hat, daß diese Küchenmaschine Frauenherzen garantiert höher schlagen läßt. Bei ihrer Mutter haben wir noch weniger Ahnung. Wir erinnern uns nur noch an das Theater zu Weihnachten, als wir ihr eine Flasche »Klosterfrau Melissengeist« geschenkt haben und die gute Frau danach zwei Stunden geheult hat. Dieses Jahr passiert uns das garantiert nicht mehr. Diesmal haben wir eine Flasche Voltax besorgt.
• *»Wann beginnt eigentlich der Winterschlußverkauf?«* Woher sollen wir das wissen? Wir könnten uns das vielleicht merken, wenn man den Winterschlußverkauf endlich mit dem Beginn der Winterpause in der Fußballbundesliga zusammenlegen würde. Außerdem erinnern wir uns an den Termin grundsätzlich nie, weil wir den Winterschlußverkauf hassen. Denn für uns endet er immer gleich: Mit einem Minus von 1200 Mark auf unserer Kreditkarte. Und einer Frau/Freundin, die uns ver-

sichert, sie habe uns mit ihren Einkäufen mindestens weitere 2000 Mark gespart. Denn schließlich hätten wir dafür jetzt für wenig Geld diese superschicke Thermoausrüstung für Schlittenhundeführer, die Bergstiefel mit Gasheizung und den Tibet-Schlafsack, der garantiert bis minus 50 Grad warm hält. Womit wir natürlich wenig anfangen können, weil wir seit 10 Jahren keinen Winterurlaub mehr gemacht haben und in der deutschen Stadt leben, die seit 5 Jahren keine Schneeflocke mehr gesehen hat, die länger als 10 Sekunden liegengeblieben wäre.

• »*Wie heißt noch mal mein Frauenarzt?*« Keine Ahnung! Wir wissen nur, wie wir ihn nennen: »Sackgesicht«, »Hackfresse«, »Kitteltunte« oder »Todeskandidat«. So wie bei uns alle Männer heißen, die unsere Frau/Freundin nackt sehen und da anfassen, wo keine bekannte Lebensform etwas zu suchen hat.

• »*Weißt du, wo die nächste Parfümerie ist?*« Jaaa, das wissen wir genau! Und zwar in der Stadt, in der wir in den 8oer Jahren studiert haben. Genau zwischen der Tankstelle mit der Textilwaschanlage und der Kneipe, in der es Samstags das Bier immer zum halben Preis gibt. An die Parfümerie können wir uns aber auch nur deshalb so gut erinnern, weil wir davor diesen Auffahrunfall hatten und der Polizei den Standort auch mit der Tankstelle und der Kneipe erklärt haben. Die Idioten haben dann aber zwei Polizistinnen geschickt, die zwei Stunden gesucht haben. Gefunden haben sie uns aber schließlich doch: Weil sie auf dem Rückweg zum Revier sowieso immer alle Parfümerien abklappern. Wirklich: Es ist kein böser Wille, wenn ein Mann sich Parfümerien, Solarien, Kosmetikerinnen oder Nagelstudios nicht merken kann. Es ist selektive Wahrnehmung. Ein Bekannter von mir hat drei Jahre über einem stadtbekannten Damenfriseur gewohnt und gedacht, es wäre eine chemische Reinigung.

• »*Liebst du mich eigentlich?*« Diese Frage gehört endlich auf den Index! Männer sagen so etwas nicht. Sie zeigen es. Nicht, indem sie für ein paar läppische Mark Blumen mitbringen, die Frau/Freundin einfach mal fest in den Arm nehmen und ihr sagen, was für eine tolle Frau sie ist, oder ihr aus dem Büro ohne Grund ein Telegramm mit Liebesgrüßen schicken. So was kann doch jeder Idiot. Und außerdem führt es doch nur wieder dazu, daß man erklären muß, ob man ein schlechtes Gewissen hat und warum. Richtige Männer zeigen ihre Liebe anders. Sie schalten den Fernseher nach der Übertragung der 1. Liga aus – obwohl der Moderator gesagt hat, daß gleich noch ein Unentschieden aus der Regionalklasse übertragen wird. Sie kaufen dieses neue Bügeleisen mit Dampf, damit die Liebste schneller mit den Hemden fertig ist und sich beim Kochen ein bißchen mehr Mühe geben kann. Und sie sagen ihr ab und zu, daß sie den Hackbraten nie so hinbekommen wird wie Mutter, daß man aber von ihren Kartoffeln endlich kein Sodbrennen mehr bekommt. *Das ist Liebe!*

46. – 60. FRAUEN VERSCHWENDEN UNSERE ZEIT

Schwedische Wissenschaftler haben herausgefunden, wieviel Zeit ein Mann im Monat verliert, wenn er mit einer Frau zusammenzieht. Weil er plötzlich Sachen machen muß, die er nie machen würde, wenn er noch alleine wäre. Stand neulich jedenfalls in einer Illustrierten. Ich habe die Illustrierte zufällig durch so eine Anzeige bekommen – weil ich mir unter einem Heftchen über sexuelle Themen aus Schweden irgendwie etwas anderes vorgestellt hatte. Hier ist die Liste und 15 GRÜNDE, warum man nicht mit Frauen in einer Wohnung leben sollte:

1. Anrufe für SIE von Ihrer Mutter entgegennehmen, weil SIE noch nicht da ist, da Sie gerade auf dem Rückweg von ihrer Mutter ist	20 Minuten
2. Tampons mitbringen	2 Minuten

3. Teller mühsam von angetrockneten
Speiseresten befreien, die man prima
schon bei Tisch hätte ablecken können | 6 Minuten
4. Falsche Tampons umtauschen | 2 Minuten
5. Leergut wegbringen, obwohl auf
dem Balkon noch jede Menge Platz ist | 7 Minuten
6. Mühsam erklären, wie man auf die
Idee gekommen ist, *sie* würde die extra
großen Tampons brauchen | 15 Minuten
7. Unterwäsche täglich wechseln | 3 Minuten
8. Blumen gießen | 0 Minuten
9. Vertrocknete Blumen wegschmeißen | 4 Minuten
10. Neue Blumen kaufen, damit *sie* nichts
merkt | 12 Minuten
11. Handtücher vom Badezimmerboden
aufheben, obwohl sie auf der Fußboden-
heizung prima trocknen | 2 Minuten
12. Badezimmerboden wischen, weil man
ohne die Handtücher den Dreck sieht | 8 Minuten
13. Zwei verschiedene Messer für Fisch
und Nutella benutzen | 2 Minuten
14. Schubladen zumachen, obwohl man
da irgendwann sowieso wieder ran muß | 3 Minuten
15. Klodeckel wieder runterklappen | 4 Minuten

Macht zusammen 90 Minuten. Und exakt so lange hat letzten Monat das Pokalendspiel gedauert, daß man nicht schauen konnte, weil man keine Zeit hatte. Weil man mit *ihr* zu ihrer Mutter mußte. Gerade als wir fahren wollten, hat *ihre* Mutter dann noch mal angerufen. Ob wir ihr Tampons mitbringen. Kommt die Frau denn nie in die Wechseljahre? Ich hab' zur Strafe übrigens dann den Klodeckel oben gelassen.

Auf jeden Job. Egal, ob wir jetzt auf 620-Mark-Basis Zeitungen austragen, als Handelsreisender Staubsauger verkaufen, in Hollywood Kassenschlager drehen oder die Durchsagen im U-Bahnhof sprechen. Manchmal kann man diese Eifersucht ja nachvollziehen. Wer kann schon einem Mann vertrauen, der täglich einen Güterzug voller Fanbriefe bekommt, in denen so viele Hotelzimmerschlüssel liegen, daß er alleine vom Materialwert des Metalls bequem und ausschweifend leben könnte? Wer verläßt sich auf einen Kerl, der drei gutgehende Bordelle betreibt und täglich Vorstellungsgespräche mit Frauen führen muß, die nur praktische Kenntnisse vorweisen können? Wer glaubt dauerhaft einem Ehemann, der Psychiater ist, sich auf Nymphomanie spezialisiert hat und nur Hausbesuche macht – angeblich, weil seine prominenten Patientinnen sich so schämen?

Aber es gibt auch Jobs, in denen die Eifersucht einer Frau etwas fehl am Platze ist. Zum Beispiel beim Trainer der deutschen Kugelstoßerinnen. Oder bei einem Facharzt für Geschlechtskrankheiten.

Aber Frauen scheren sich nicht um Logik oder Vernunft. Nicht, wenn sie eifersüchtig sind. Da lassen sie sich nicht mal vom Fehlen jeglicher Möglichkeiten ablenken. Kennen Sie zum Beispiel die Theorie, daß die amerikanische Mondlandung 1969 gar nicht stattgefunden hat, sondern in einem Studio simuliert wurde? Wissen Sie auch, von wem diese Vermutung stammt? Nein, nicht von den Russen. Von den Frauen der Astronauten. Die argwöhnten nämlich, ihre Männer wären nicht auf dem Mond gewesen, sondern hätten das Ganze nur inszeniert, um sie mit irgendwelchen Weibern zu betrügen.

Die Eifersucht einer Frau auf den Job ihres Mannes hängt aber nicht nur damit zusammen, daß er diesen zum Seitensprung nutzen könnte. Meistens geht es nur darum, daß er mehr Zeit mit seinem Beruf als mit ihr verbringt oder daß er seinem Job eine größere Bedeutung als der Beziehung beimißt. Das Schlimme daran ist nur, daß beide Tatsachen stark interpretationswürdig sind. Und daß Frauen anders rechnen als Männer. Bei einem Mann lautet die Rechnung folgendermaßen: »6 Stunden am Tag schlafe ich, 8 bin ich auf der Arbeit, 1 Stunde geht für Hygiene und Nahrungsaufnahme drauf. Den Rest der Zeit verbringen wir zusammen. Also 9 Stunden und damit den größten Teil des Tages.«

Eine Frau rechnet so: »8 Stunden ist er auf der Arbeit, 6 Stunden schläft er, damit er für seine Arbeit fit ist, eine Stunde duscht und ißt er, weil seine Arbeit ihn hungrig und schmutzig macht. Also widmet er der Arbeit 15 Stunden und damit den größten Teil des Tages«.

DIE SACHE MIT DEM SEX

Fragen Sie eine Frau, warum Männer und Frauen zusammen leben. Die Antwort wird klingen wie eine Regierungserklärung: Ausweichend und schwammig. Frauen glauben, sie könnten alles mit dem Begriff »Liebe« erklären. Aber Liebe ist kein wissenschaftlicher Begriff. Liebe kann man nicht messen, man kann keinen Abstrich davon machen, sie nicht an Meerschweinchen verfüttern oder festgeschnallten Affen im Laborversuch direkt in den Herzmuskel injizieren.

Aber fragen Sie mal einen Mann, warum Männer und Frauen zusammen leben. Seine Antwort wird lauten: Sex! Und das ist doch eine Erklärung, die erheblich wissenschaftlicher ist. Sex kann man messen – in Minuten oder Millilitern. Man kann hinterher auch prima Abstriche machen. Und Meerschweinchen und Affen machen es sogar freiwillig und lassen uns dabei zuschauen. Ja, es ist frustrierend: Wenn es um die

Kopulation geht, sind wir den Tieren um nichts überlegen. Und jetzt müssen Sie ganz tapfer sein. Wir wollen nämlich einen Teil unseres Weltbildes nicht nur zurechtrücken, sondern ihn zum Platzen bringen wie eine Seifenblase unter Flakbeschuß. Denn:

62. SEX WIRD VÖLLIG ÜBERBEWERTET

Sex ist eine der am meisten überschätzen Sachen der Welt. Und zwar direkt nach Berti Vogts und elektrischen Eierkochern. Wobei Eierkocher natürlich mehr mit Sex zu tun haben als Berti Vogts.

Männer mögen Sex. Frauen auch. Insofern alles klar. Könnte man jedenfalls denken. Man sieht eine tolle Frau, man geht zu ihr hin und sagt: »Du, ich möchte gerne mit Dir schlafen.« Dann sagt sie ja und man geht irgendwohin, wo man ein Waschbecken mit Warmwasserhahn hat, und vögelt sich das Hirn weg. Oder sie sagt nein. Dann ist sie wahrscheinlich lesbisch oder hat ihre Tage. Die nächste sagt dann aber ja und hat auch noch ein Auto und eine eigene Bude. Fein!

So einfach könnte es sein. Bei den Schimpansen klappt das jedenfalls hervorragend. Die haben auch keine Migräne und kein Ozonloch. Und keinen Bundestrainer. Aber was machen wir? Wir sehen eine tolle Frau, wir gehen zu ihr hin und sagen: »Du, haben wir uns nicht schon mal irgendwo gesehen?« Dann geben wir ihr drei Sekt und einen Amaretto aus, reden mit ihr stundenlang über Nietzsche und doofe Frauenärzte. Und dann bestellen wir noch eine Runde Amaretto zum Gehen. Drei Stück, weil ihr Freund gerade gekommen ist, um sie abzuholen. Wir gehen dann auch, weil inzwischen ist es drei Uhr morgens und eh zu spät, um noch irgendwas zu reißen.

Warum machen wir das? Wir machen das, weil wir von frühester Kindheit an eingebläut bekommen haben, daß Sex toll ist und Männer immer daran denken. Dabei stimmt das überhaupt nicht: Welcher Mann denkt zum Beispiel an Sex, wenn sein Urologe mit einem sehr merkwürdigen und sehr großen Instrument auftaucht und sagt: »So, dann wollen wir uns mal Ihre Prostata anschauen.« Die wenigsten, oder? Womit wir dieses Gerücht endlich auch aus der Welt hätten.

Einer der entscheidenden Vorteile von Sex ist angeblich, daß man dabei jede Menge Kalorien verbraucht. Ja, das stimmt – bei dem Versuch, die Frau ins Bett zu bekommen. Und die gleiche Menge verbraucht man dann hinterher: bei dem Versuch, nicht einzuschlafen, wenn sie noch eine Stunde reden will. Gar nicht erst zu reden von dem, was man ausschwitzt, wenn sie dann am nächsten Tag anruft und wissen will, wie es nun weitergeht mit euch beiden.

Am schlimmsten sind die Frauen, die dir beim ersten Treffen sofort gaaanz tief in die Augen schauen und dabei weite Röcke tragen. Das sind dann entweder Augenärztinnen mit Figurproblemen oder Pädagogikstudentinnen zwischen dem 4. und 6. Semester. Wenn Sie viel Glück haben, ist es die Augenärztin. Die hat dann wenigstens ein Auto und eine eigene Wohnung. In den meisten Fällen ist es aber die Pädagogikstudentin. Und die findet nach dem tiefen Blick durch den Spiegel deiner Seele messerscharf *dein Problem!*

Dein Problem wird nie genannt, aber immer in Großbuchstaben ausgesprochen. *Dein Problem* ist immer etwas aus deiner Kindheit. Und du hast garantiert noch nie gemerkt, daß du es hast. Und es ist auch garantiert etwas, was die junge Dame gerade in einem Proseminar behandelt. Und sobald *dein Problem* angesprochen wird, hat man auch gleich eine weiche, warme Hand mit einem Ring in Delphinform auf dem Arm liegen (Pädagoginnen haben komischerweise immer Schmuck in Delphinform – vielleicht erkennen sie sich daran und können sich so aus dem Weg gehen). Und dann kommen die magischen Worte: »Du – wenn du gerne darüber reden willst ...?«

Nein, wir wollen nicht darüber reden. Wir wollen gar nicht reden. Wir wollten sie eigentlich ins Bett kriegen. Das hat sich aber gerade erledigt.

Seien wir doch mal ehrlich: Sex lohnt sich doch nur dann, wenn man einen Partner hat, der unseren Körper kennt. Der genau weiß, was uns gefällt und was nicht. Wo wir kitzelig sind und wo nicht. Wo man uns ein bißchen härter anpacken kann, und wo man besser ganz vorsichtig ist. Und wer erfüllt diese Kriterien? Nur du selbst – und Mutter. Aber das geht dann doch etwas zu weit.

DIE SACHE MIT DEM HEIRATEN

Das Leben mit Frauen gleicht ein bißchen dem System, nach dem Steuern erhöht werden. Nach einer kurzen Phase des Jammerns und Zähneknirschens gewöhnt man sich an die erhöhten Abgaben, und nach ein paar Monaten kann die Steuerschraube gefahrlos weiter angezogen werden. Und so ist es auch in der Beziehung zwischen Mann und Frau. Hat man sich unter Jammern und Zähneknirschen erst mal an die Entbehrungen und Einschränkungen des Zusammenlebens gewöhnt, folgt der nächste Schritt: Das Heiraten!

Heiraten ist der Versuch, zwei Sachen, die nicht zusammengehören, in Zement zu gießen. Oder mit Superkleber zusammenzufügen. Vielleicht ist das zweite Beispiel sogar noch näher dran – durch die Dämpfe führt Kleber anfänglich auch zu leichten Rauschzuständen, die mit Kopfschmerzen und Ernüchterung enden. Aber egal ob Superkleber, Zement oder Heirat: Was die dauerhafteste und solideste Verbindung wert ist, merkt man erst, wenn man sie lösen will. Das geht nur mit Gewalt, unter Krach, Schmutz und Schmerzen. Deshalb empfehle ich, diese letalen und finalen Verbindungen erst in Betracht zu ziehen, wenn man sich 120%ig sicher ist. Oder, um es anschaulicher zu gestalten, blicken wir noch mal auf den Vergleich mit dem Autokauf: Einen Wagen, bei dem man sich nicht 120%ig sicher ist, kauft man auch nur unter einer Prämisse: Es ist ja nicht für die Ewigkeit.

Ein paar Gedanken zum Thema Heiraten. Heiraten ist ein Relikt aus einer Zeit, als die Menschen sich mit 15 das Jawort gaben und mit 30 starben. Also eine Verbindung, die auf den überschaubaren Zeitraum von rund 15 Jahren geschlossen wurde. Zur gleichen Zeit war übrigens auch die Sklaverei noch legal. Jetzt, einige Hunderte von Jahren später, hat die Menschheit sich natürlich in fast unglaublichem Maße weiterentwickelt. Die Menschen werden inzwischen immer regelmäßiger über 80 Jahre alt – und die Sklaverei haben wir als archaisches Relikt unserer Vorväter und unzeitgemäße Kulturerscheinung abgeschafft. Nicht aber die Ehe! Obwohl sie inzwischen mindestens genauso unzeitgemäß wie die Sklaverei ist (von den anderen Parallelen zwischen Ehe und Sklaverei gar nicht zu reden...)

Heute endet die Ehe nicht mehr nach lächerlichen 15 Jährchen. Heute muß ein diszipliniertes Paar im schlimmsten Fall mit 50 Jahren rechnen. Bei guter Ernährung sogar mit noch mehr! Aber wir wollen uns hier ja nicht von nackten Zahlen und Statistiken blenden lassen. Die Ehe ist ja mehr als nur eine Rechenaufgabe. Betrachten wir sie mal unter wissenschaftlichen Gesichtspunkten.

63. Biologisch betrachtet ist die Ehe überholt

Vor allem, weil die Kriterien nicht mehr stimmen. Heutzutage heiraten Weibchen, weil das erkorene Männchen dieselben Hobbys, Sinn für Humor, süße Grübchen, eine soziale Ader, eine Rolle bei »Gute Zeiten, schlechte Zeiten« oder die richtige politische Gesinnung hat. Dabei unterdrücken die Frauen auf geradezu despotische Art und Weise den Chor ihrer Gene, der nach einem breitschultrigen Neandertaler mit der Empfindsamkeit einer Salon-Schwingtür und der Potenz einer automatischen Ballmaschine schreit.

64. Mathematisch betrachtet ist die Ehe unberechenbar

Sie gleicht dem Versuch, russisch Roulette mit einer Schnellfeuerwaffe zu spielen. In der Rechnung, in der der Wert der Ehe festgestellt werden könnte, gibt es einfach zu viele Unbekannte. Zum Beispiel die Unbekannte »X«. Das ist die Frau, die man eine Woche nach der Hochzeit kennenlernt und die genau diesen Schmollmund hat, auf den wir so tierisch abfahren. Oder die Unbekannte »Y«. Das ist der Wert, um den sich das Gewicht Ihrer Frau nach zwei Jahren Ehe vervielfacht hat. Oder die Unbekannte »Z«. Das ist die Zahl der Frauen, die sich vor Ihrer Heirat nicht für Sie interessiert haben und Ihnen plötzlich Avancen machen wie eine drogensüchtige Prostituierte auf Turkey.

65. Historisch betrachtet ist die Ehe Geschichte

Die Ehe wurde erfunden, um einer Frau einen Anspruch auf Sicherheit zu geben. Die Frau verpflichtete sich durch die Heirat, ihrem Mann zu dienen und zu gehorchen, ihm Kinder zu schenken und den Haushalt zu führen. Dafür versorgte er sie, gab ihr ein Heim, einen Platz im sozialen Gefüge und prügelte sie nicht öfter, als es unbedingt nötig war. In Zeiten, in denen Frauen in fast allen Bereichen von Politik und Wirtschaft ihren Mann stehen, wählen, Verträge unterschreiben und in der Öffentlichkeit rauchen und Männern widersprechen dürfen, ist dieses Konstrukt nicht mehr nötig.

66. Volkswirtschaftlich betrachtet ist die Ehe ein Bremsklotz

Durch die unzeitgemäße Verbindung zweier Menschen zu einer Gemeinschaft bilden sich legale Steuerschlupflöcher, die uns jährlich Milliarden kosten. Allein dadurch, daß der besser verdienende Ehemann nach der Heirat in eine günstigere Steuerklasse wechseln kann. Außerdem kann er seine Frau auch noch abschreiben. (Und welcher Mann träumt nicht davon, seine Frau endlich abschreiben zu können?) Und dann leben Verheiratete statistisch gesehen auch noch länger (was übrigens nur für Frauen stimmt – Männern kommt es nur so vor.) Und kassieren somit auch länger Rente. Der Schaden für die Volkswirtschaft ist enorm.

67. Medizinisch betrachtet ist die Ehe eine Krankheit

Sie ist zum Beispiel ansteckend. Sich mit seiner Lebensgefährtin auf eine Hochzeit zu begeben ist, als ob man sie mit einem Grippekranken Klammerblues tanzen läßt. Die Gefahr ist riesig, daß sie sich auch infiziert. Deswegen brauchen Frauen auf Hochzeiten auch dauernd Taschentücher und schniefen. Das Fiese an der Ehe ist auch, daß sie keine einmalige Sache wie Masern oder Windpocken ist. Wenn man nicht aufpaßt und ein bißchen vorbeugt, kann man sie auch bekommen, wenn man sie schon mal hatte. Und noch eine Gemeinsamkeit haben Ehe und Krankheit: Sie gehen beide nicht von alleine weg. Wenn man nichts unternimmt, schleppt man sie ein Leben lang mit sich herum, und sie enden mit dem Tod.

Was folgern wir daraus? Richtig: Wissenschaftlich betrachtet ist die Ehe eine Katastrophe. Kein Mensch mit einem gesunden Verstand sollte sich auf ein so unexaktes, unnötiges, unberechenbares, unwirtschaftliches und ungesundes Wagnis einlassen.

DIE SACHE MIT DEM KLEINEN UNTERSCHIED

Nun, lassen wir uns fair sein. Bisher haben wir nur konstatiert, was an Frauen so Besonderes ist, das es Männern unmöglich macht, mit ihnen zu leben. Betrachten wir das Ganze mal ganz objektiv aus dem anderen Blickwinkel: Was unterscheidet Männer von Frauen und macht sie damit zu natürlichen Widersachern? Oder anders gefragt: Was ist dran am kleinen Unterschied?

68. Männer mögen Fussball

Natürlich ist das ein Klischee. Genau wie das Vorurteil, daß Frauen Angst vor Spinnen haben. Und wie alle Klischees stimmt es überwiegend. Rund 85 Prozent aller Männer mögen Fußball. Die restlichen 15 Prozent verteilen sich folgendermaßen: 8 Prozent auf Homosexuelle, die als Kinder immer ins Tor mußten und verschiedene Bälle in die Hoden bekommen haben. Und die restlichen 7 Prozent auf Profifußballer, insbesondere bei Bayern München.

69. Männer können im Stehen pinkeln

Klar, Frauen auch! Aber Männer können dabei zielen. Gehen Sie mal auf ein Männerklo und bewundern, mit welcher Akribie die Fugen zwischen den Wandfliesen bis in Augenhöhe benetzt wurden!

Manche Hersteller von Herrenpissoirs sind deshalb auf die geniale Idee verfallen, in die Emailleschüsseln die Zeichnung einer Fliege einzuarbeiten. Damit die Männer ein Ziel haben und der Strahl dort landet, wo er hingehört. Und diese Neuerung hat Früchte getragen und wird von den männlichen Klobesuchern begeistert aufgenommen. Neulich ist es einem Besucher eines Brauhauses in Köln nach zwölf Kölsch gelungen, nicht nur die Fliege im Pissoir zu treffen, sondern anschließend noch drei lebende Stubenfliegen von der Decke zu spritzen.

Ein Männerklo ist die letzte Zufluchtsstätte des starken Geschlechts – eine Art Walhalla der Stehpinkler. Ein Ort, so unberührt von Frauenhand wie der Intimbereich von Alfred Biolek. Also nur ganz früh und nur aus hygienischen Gründen. Denn nichts entweiht diese heiligen Hallen außer der huschenden, unaufdringlichen Visite einer Klofrau. Die zudem meist mehr von einem Kerl hat, als 50 Prozent der Typen, die sich dort rumdrücken.

Ja, so sollte es sein. Und so ist es eigentlich auch – außer auf Konzerten und ähnlichen Großveranstaltungen. Wenn man während der Pause feixend an der 60 Meter langen Schlange von Frauen mit verkniffenen Gesichtern vorbeiläuft, die vor zwei armseligen Klokabinen anstehen. Weil Frauen ja nicht im Stehen pinkeln können und außerdem immer Bodystockings, Strumpfhosen, Latzhosen, viel zu enge Jeans, Lackleggings und ähnliches anhaben. Also Klamotten, die man zum einfachen Urinieren komplett ausziehen muß – wenn man sie überhaupt runterbekommt.

Und so passieren wir breit grinsend diese Reihe der Kontinenz, legen auf dem gähnend leeren Platz vor dem Männerklo noch einen schnellen Tanzschritt ein und gleiten pfeifend hinein.

Um entsetzt zurückzuprallen!!!

Rechts, vor den beiden Kabinen, stehen 20 Frauen, die clever und unverschämt genug waren, sich einfach auf unser Klo zu begeben. Was für ein Sakrileg! Und links, vor den acht Pissoirs, stehen acht Männer mit hochroten Köpfen, die keinen Tropfen herausbekommen, weil Frauen im Raum sind.

Das ist eine dieser Situationen, in denen ein Mann eigentlich tun müßte, was ein richtiger Mann tun sollte: Auf dem Absatz kehrt machen, auf das Frauenklo gehen und ins Waschbecken pinkeln.

70. Männer bekommen keine Kinder

Sie bekommen sie höchstens untergeschoben. Deswegen sind Mike Krüger und Arnold Schwarzenegger auch nie so große Stars geworden wie Karl Dall oder Bruce Willis: Weil sie in Kinofilmen Männer gespielt haben, die schwanger waren. Gut, Mike Krüger hat noch ungefähr 724 andere Fehler gemacht, die eine Karriere erfolgreich verhinderten. Aber dafür hat man Arnie die Rolle des Schwangeren eher abgenommen. Was nicht unerheblich daran liegt, daß er in seiner Jugend mehr Hormone genommen hat als ein holsteinisches Mastschwein.

71. Männer weinen nicht

Vielleicht schwitzen sie manchmal aus den Augen – aber sie weinen nicht.

72. Männer können alles erklären

Egal was es ist: Die Atombombe, der Verbrennungsmotor, der 30jährige Krieg oder warum die Mayas ausgestorben sind – Männer können es erklären. Und dabei werden sie nicht durch Kleinigkeiten gestört, wie etwa der Frage, ob sie es tatsächlich wissen. Das ist ja die Kunst: Etwas erklären zu können, auch wenn man davon nicht die leiseste Ahnung hat. Unvergessen die Erläuterung eines Freundes, warum die Dinosaurier ausgestorben sind: »Das hat was mit der Erdrotation zu tun. Die Dinosaurier waren so behäbig, daß sie durch die Zentrifugalkraft der Erde langsam an die Pole getrieben wurden. Und da sind sie dann erfroren.«

Wie gesagt: Männer können alles erklären. Aber Frauen haben dafür eine ähnliche Fähigkeit: Sie können alles entschuldigen.

73. Männer lieben Comics

Frauen können mit Comics nichts anfangen. Sie können zwar gleichzeitig bügeln, telefonieren und fernsehgucken, aber nicht gleichzeitig Worte und Bilder verarbeiten. Deswegen sind Bedienungsanleitungen von Präservativen auch immer bebildert, die der meisten Antibabypillen aber nicht. Außerdem mögen Frauen keine Comics, weil dort zu viele Tiere vorkommen, vor denen sie angeblich Angst haben. Zum Beispiel Mäuse (Disney) oder Spinnen (Marvel).

74. Männer können ein Bier mit
fast allem öffnen

Das beeindruckt vielleicht die wenigsten Frauen. Aber es kann den Unterschied zwischen Leben und Tod bedeuten. Stellen Sie sich vor: 62 Grad im Schatten, der Wagen streikt. Um Sie herum in alle Richtungen 200 Kilometer sengendheißer Wüstensand. Und eine Frau, die Ihnen natürlich vorher gesagt hat, Sie hätten den Wagen mit dem rosa Verdeck nehmen sollen. Aber Gottlob: Auf dem Rücksitz eine Kühltasche mit allem, was man in dieser Situation braucht: Frische Batterien für das Radio und ein Six-Pack Bier. *Aber kein Flaschenöffner!*

Oder eine noch viel schlimmere Situation. Eine Lage, bei der mir allein die Schilderung den Angstschweiß ausbrechen läßt: Sie sitzen auf dem Sofa, es ist Samstag, im Meisterschaftsendspiel läuft die letzte Minute. Einstand. Und dann fällt der gegnerische Mittelstürmer im Strafraum und der Schiri (die schwarze Sau) pfeift Elfer. Zitternd vor Angst reißen Sie das letzte Bier aus dem Kasten, um dem Torwart in einer mystischen Zeremonie zuzuprosten und ihm damit übermenschliche Kräfte und acht Arme zu verleihen. *Aber der Flaschenöffner liegt in der Küche!*

Sie sehen also an diesen zwei dramatischen Beispielen, wie wichtig die Fähigkeit ist, eine Flasche Bier mit einem goldenen Dupont-Feuerzeug, einem Q-Tip oder der Wimpernzange Ihrer Freundin öffnen zu können.

75. Männer wissen, wo beim Auto der Vergaser ist

Das nutzt ihnen zwar nix, weil man mit diesem Wissen kein Auto reparieren kann. Schon gar nicht, wenn beim ersten Rendezvous mitten auf einem einsamen Waldweg peinlicherweise der Sprit ausgegangen ist. Aber es bringt sie in die eindruckschindende Lage, auf besagtes Teil zu deuten und souverän verkünden zu können: »Wahrscheinlich der Vergaser – ist die Schwachstelle bei diesem Baujahr«. Vergewissern Sie sich nur vorher, daß der Wagen kein Einspritzer ist. Oder die Frau eine Kfz-Mechanikerin. Heutzutage ist alles möglich.

76. Männer haben keine Angst vor Spinnen

Nein, Männer haben überhaupt nicht auch nur die geringste Angst vor Spinnen. Die Begründung für dieses Naturphänomen, mit dem Männer schon mehr Frauen rumgekriegt haben als mit dem guten alten »Sprit-ist-alle«-Trick ist einfach: Männer haben damit schon mehr Frauen rumgekriegt als mit dem alten »Sprit-ist-alle«-Trick. Und dafür lohnt es sich doch, die Zähne zusammenzubeißen und die Angst runterzuschlucken, nicht?

Aber bevor wir uns in diesem Punkt noch weitere 2000 Jahre in Stolz und Selbstbewußtsein suhlen, möchte ich an dieser Stelle ein großes Geheimnis lüften: Frauen haben auch keine Angst vor Spinnen! Desgleichen nicht vor Mäusen, Schlangen, Gespenstern, Gewittern, Geisterbahnen und Dunkelheit. Frauen haben nur vor einer einzigen Sache Angst: Daß wir feststellen, daß sie prima ohne uns zurechtkommen – und uns ohne schlechtes Gewissen rar machen. Nur aus diesem Grund fangen Frauen beim Anblick einer harmlosen Spinne an zu kreischen, als würden die Queen und der Papst nackt vor ihnen Lambada tanzen.

Warum sollte sich eine Frau auch vor einer Spinne fürchten, wenn ein Mann es nicht tut. Schließlich sind die Frauen von ihrer genetischen Struktur her sogar mit den Spinnen verwandt. Das haben Biologen der Universität Heidelberg schon Anfang der 90er Jahre herausgefunden. Aber sie waren verheiratet und durften es nicht weitersagen.

77. Männer haben einen Orientierungssinn

Die Wissenschaft hat sich bisher damit noch nicht beschäftigt, die Mediziner haben es noch nicht erkannt. Aber Frauen haben ein zusätzliches Organ. Es sitzt in der Lendenwirbelsäule und funktioniert wie ein ICE: Selten fehlerfrei! Dieses Organ führt dazu, daß sich Frauen zu Fuß verlaufen, im Auto verfahren und sogar mit Fahrstühlen im falschen Stockwerk landen. Das gleiche Organ führt allerdings auch dazu, daß Frauen in jedem Kaufhaus sofort die Drogerieabteilung finden.

Mit einer Frau als Beifahrerin eine Reise anzutreten ist so sinnvoll, wie mit dem Dalai-Lama eine Prügelei anzufangen. In beiden Fällen kommt wahrscheinlich nicht viel bei rum. Erst recht nicht, wenn *sie* die Karte lesen soll. Mit einer Engelsgeduld erklären Sie ihr die mit Edding markierte Strecke, die Handhabung der Karte und die Bedeutung der Linien und Farben. Währenddessen schaut sie Ihnen konzentriert ins Gesicht, nickt ab und an und überlegt die ganze Zeit, wie Ihnen ein Backenbart stehen würde und wann der Pickel auf der Stirn wohl reif zum Ausdrücken ist. Danach fahren Sie los, bis Sie die Strecke nicht mehr kennen, zeigen der Frau, wo sie sich jetzt befinden und lassen sich von ihr weiter lotsen – und sind eine Stunde später wieder zu Hause, weil die junge Dame die Karte falsch herum gehalten hat.

78. Männer schminken sich nicht

Jedenfalls nicht Männer im eigentlichen Sinne des Wortes. Frauen hingegen schon. Und bei den meisten sieht das auch gut aus. Etwas Rouge, ein bißchen Lippenstift, ein Hauch Eyeliner, Mascara oder Wimperntusche – ein dezentes Make-up macht aus einer gutaussehenden Frau eine Schönheit. Nimmt man von allem aber ein bißchen mehr, grundiert und spachtelt vorher wie ein Karosserieschlosser, bedient sich zusätzlich an Haarteilen, falschen Wimpern, Schönheitspflästerchen und Silikoninjektionen, dann geht das zu weit. Mit solchen unlauteren Methoden wird – zumal zu später Stunde und beim richtigen Licht – aus Rumpelstilzchen ein Dornröschen. Daß eine solche Vorspiegelung falscher Tatsachen, ein so offensichtlicher Betrug und eine so unverfrorene Vermummung nicht bestraft wird, ist eine Schande. Was so manche Frauen mit ihrem Äußeren anstellen – einen Pferdehändler würde es direkt in den Knast bringen.

Männer haben keinen Sinn für solche Tricks. Das schlimmste, was ein Mann macht, um eine Frau optisch zu täuschen, ist im Schwimmbad den Bauch einzuziehen oder ein Toupet zu tragen. Wobei Männer selbst dabei so grundehrlich sind, immer Toupets zu tragen, denen man sofort ansieht, daß sie falsch sind. Achten Sie mal drauf – es stimmt!

Ein anderer Grund, warum Männer sich nicht schminken, ist der, daß sie für so einen Schnickschnack keine Zeit haben. Sie nutzen die halbe Stunde lieber, um vor dem Spiegel zu begutachten, ob das Toupet ein bißchen weniger auffällt, wenn man den Bauch ein bißchen mehr einzieht.

DIE SACHE MIT DER SCHWIEGERMUTTER

Für eine Mutter gibt es nichts Schöneres, als ihre Tochter unter die Haube zu bringen. Zum einen ist endlich eine Frau aus dem Haus, der man zwar durch Blutsbande zugetan ist, die aber trotzdem eine Nebenbuhlerin im Kampf um die alleinige Aufmerksamkeit des Hausherrn ist. Zum anderen erweitert man seinen Einflußbereich um einen weiteren Mann. Und dem ist man nicht durch Blutsbande zugetan, muß sich also keinerlei Beschränkungen aufgrund irgendwelcher familiären Verpflichtungen auferlegen.

Für einen Mann ist die Mutter seiner Freundin oftmals eine Verbündete. So wie die alliierten Streitkräfte der Franzosen und Briten im zweiten Weltkrieg. Im Grabenkampf, den er mit seiner Freundin führt, hilft sie oft mit kleinen Anekdoten aus der Windel- und Pubertätszeit des Mädchens, ermahnt die Tochter zu hausfraulichen Pflichten dem Lebensgefährten gegenüber oder verrät ihm, was man der Freundin zu Weihnachten/ Geburtstag/Jahrestag schenken kann.

Mit der Heirat bleibt die Mutter für ihn zwar weiterhin eine Verbündete wie die Alliierten des zweiten Weltkrieges – dann aber eher vergleichbar mit der Beziehung zwischen den USA und der Sowjetunion: Es beginnt der Kalte Krieg. Sie mischt sich zwar immer noch in die Zänkereien zwischen euch beiden ein, jetzt aber mit dem Hinweis, sie hätte nie verstanden, was ihre Tochter an Ihnen gefunden hat. Und sie gibt Ihnen auch weiterhin Tips für Geschenke – aber die falschen. Um dann auf Sie zu schimpfen und die Tochter zu trösten, wenn Sie ihr einen Eierkocher geschenkt haben. Von Mama bekommt Ihre Frau dann übrigens das Bustier, das sie sich schon seit vier Monaten glühend wünscht. Nicht ohne den hämischen Hinweis, daß so ein Geschenk natürlich eigentlich vom Mann kommen sollte.

Darum denken Sie immer daran, bevor Sie vor den Altar treten. Eine Ehe hat zwar viele Vorteile, aber auch einen potentiellen Nachteil. Denn:

Schwiegermütter sind Engel. Und Engel haben im Himmel zu wohnen. Oder irgendwo in den Bergen bei Salzburg. Aber nicht bei ihren Schwiegersöhnen. Leider ist das eine Regel, die seinerzeit am Berge Sinai vergessen wurde. Wahrscheinlich, weil weder Moses noch Gott verheiratet waren. Sonst würden die 10 Gebote etwas anders lauten. Denn es gibt auch 10 Gründe, nicht mit Schwiegermüttern in einem Haus zu wohnen:

1. Ich bin der Herr dein Gott. Auch wenn meine Schwiegermutter etwas anderes behauptet.

2. Du sollst nicht ehebrechen. Denk dran: Eine zweite Frau bedeutet auch eine zweite Schwiegermutter.

3. Du sollst Vater und Mutter ehren. Und zwar nur deine eigenen. Nicht die deiner Frau.

4. Du sollst nicht begehren deines Nächsten Schwiegermutter. Auch, wenn sie im Himmel oder in den Bergen bei Salzburg wohnt.

5. Du sollst mir nicht den Nerv töten! Auch wenn ich mit deiner Tochter verheiratet bin!

6. Du sollst nicht falsch Zeugnis ablegen wider deinen Nächsten. Auch wenn du eine verbitterte, alte Frau bist und dir im Leben nichts mehr bleibt als ein bißchen Lügen.

7. Du sollst nicht stehlen. Schon gar nicht sollst du dich in unser Schlafzimmer stehlen, wenn wir das erste Mal seit vier Wochen wieder guten Sex haben.

8. Du sollst nicht überall herumerzählen, daß alle Exfreunde deiner Tochter Karriere gemacht haben. Immerhin ist Gott auch kein schlechter Job.

9. Du sollst aufhören, dir das Maul darüber zu zerreißen, daß mein Sohn nicht von deiner Tochter ist. Schließlich ist er ja auch nicht von mir, sondern vom Heiligen Geist.

10. Du sollst aufhören, mir heimlich ins Essen zu spucken. Ich bin Gott. Ich sehe alles.

V. DER ALTE WOLF WIRD LANGSAM SCHLAU

Das Vorrecht der Jugend ist Ungestüm, Neugier und Abenteuerlust. Das Vorrecht des Alters ist Weisheit, Abgeklärtheit und Blasenschwäche. Ein Mann über 50 hat in seinem Leben schon viel gesehen und einiges erlebt. Besonders in Bezug auf Frauen. Ihm sind all ihre Eigenheiten bekannt, er kennt ihre Schliche, weiß die Gefahren einzuschätzen und den Fallstricken der Weiblichkeit elegant auszuweichen. Er ist wie ein Wanderer durch das Leben gegangen und hat sich an ihm bereichert. Er ist das Gefäß, in das Wissen in gleichem Maße geströmt ist wie Sand aus der Eieruhr seines Lebens. Er ist ein Baum, der sich Zeit seines Daseins nach oben gereckt hat und der sich mit jedem Jahr tiefer verwurzelte. Ihn kann nur eines aus seiner majestätischen Bahn werfen: Seine ekelhafte, selbstherrliche Arroganz!

Für eine schöne Frau ist ein Jüngling ein Opfer, das sie geruhsam ins Visier nehmen kann. Ein Mann über 50 hingegen ist da ein anderes Kaliber. Er bricht sich beim Versuch, sich ihr in die Schußlinie zu werfen, selbst den Hals. Ein Jüngling kann sich nicht vorstellen, daß eine schöne Frau sich für ihn interessiert. Ein Mann über 50 kann sich nicht vorstellen, daß sie nicht an ihm interessiert ist. Es ist diese Eitelkeit, die mit Erfahrung, Einfluß und Einkommen wächst, die einen Mann über 50 in Gefahr bringt. Natürlich ist es nicht abzustreiten, daß viele junge Mädchen einen reifen Mann suchen. Einen Mann, zu dem sie aufblicken können, der sie lenkt und ihnen eine starke Schulter bietet. Nennen wir es beim Namen: Sie suchen eine Vaterfigur.

Jetzt sollte aber den gestandenen Herren vor Stolz und Vorfreude nicht gleich der Kamm schwellen wie bei einem alten

Gockel auf der letzten Balz. Denn was für eine Funktion hat ein Vater für ein junges Mädchen? Richtig: Sie krabbelt an ihm ins Leben hinaus wie ein Käfer an einem Zweig – und flattert davon, wenn die Flügel trocken, beziehungsweise der Zweig vertrocknet ist. Für einen Vater ist das nicht so schlimm, denn er hat ja noch seine liebende Ehefrau. Die Vaterfigur hat die aber nicht mehr – er hat sich ja für den jungen Käfer scheiden lassen.

Natürlich muß das nicht immer passieren. Es gibt auch viele nicht mehr ganz so junge, aber noch sehr attraktive Frauen, die sich für den Mann über 50 interessieren. Und darüber kann er sich doch auch freuen. Er sollte nur darauf achten, ob die Dame nicht vielleicht Arzthelferin oder Versicherungsangestellte ist und somit über seinen Gesundheitszustand oder die Höhe seiner Lebensversicherungssumme etwas weiß, daß ihre Entscheidung ein bißchen beeinflußt haben könnte.

Was natürlich nicht zwangsläufig der Grund für die glühende Liebe einer gertenschlanken Rassefrau zu einem übergewichtigen, fast kahlköpfigen Mann mit dem Gesicht einer zuckerkranken Bulldogge und der sexuellen Anziehungskraft einer Nacktschnecke sein muß ...

DIE SACHE MIT DER ZWEITEN HEIRAT

Mein Lieblingssatz alternder Männer ist: »Hätte ich doch noch mal die Chance, alles anders zu machen!« Und manche Männer bekommen diese zweite Chance. Indem sie geschieden werden. Und was machen die meisten dieser Glückspilze dann früher oder später? Richtig: Zum zweiten Mal heiraten.

Prima Idee! Dann kann man sich doch auch gleich noch zum zweiten Mal den Blinddarm rausnehmen lassen, sich zum zweiten Mal mit dem größten Schläger der Schule anlegen und zum zweiten Mal mit einem Streichholz nachschauen, ob noch Sprit im Tank ist!

Sie sehen, es gibt einfach Sachen, die macht man nur einmal! Weil man aus Fehlern klug wird. Wissen Sie denn nicht mehr, warum Sie sich damals haben scheiden lassen?

89. SPÄTESTENS NACH ZEHN JAHREN EHE HAT MAN KEINE GEHEIMNISSE MEHR

Ihre Frau weiß alles über Sie. Sie kennt sogar das Extrakonto, auf das Sie heimlich die Zulagen einzahlen, die Sie sich anstatt einer Gehaltserhöhung geben lassen. Aber da Ihre Frau alles über Sie weiß, kennt sie auch Kontonummer und Kennwort. Und Sie kennen sie nicht mehr, weil Ihre Frau den Zettel versteckt hat, den Sie versteckt hatten. Natürlich ahnen Sie, was da gelaufen ist – aber Sie können sie ja schlecht fragen, nicht?

90. SPÄTESTENS NACH ZEHN JAHREN EHE IST SEX WIE ZÄHNEPUTZEN

Und zwar exakt wie Zähneputzen. Irgendwann benutzt Ihre Frau dafür sogar ähnliche Elektrogeräte.

91. SPÄTESTENS NACH ZEHN JAHREN EHE WIRD MAN WORTLOS

»Wir verstehen uns ohne Worte – wir wissen immer, was der andere denkt!« Dieser Satz gehört zu den beliebtesten kleinen Lügen in der Partnerschaft. Und er kommt überwiegend von Frauen. Frauen haben oft das Bedürfnis, Unzulänglichkeiten in der Beziehung nicht zu akzeptieren, sondern sie zu verkleiden. So wie manche Frauen ihre Söhne in rosa Strampler, Matrosenanzüge oder Kleidchen stecken, weil sie eigentlich eine Tochter haben wollten. Die Tatsache, daß in der durchschnittlichen Ehe die Dauer der gemeinsamen Gespräche abnimmt wie der Sex, wird von einer Frau gerne damit beschönigt, daß man angeblich nicht mehr so viele unnütze Worte machen muß, um sich zu verständigen. Beim Sex braucht man ja auch nicht mehr so viele unnütze Minuten wie früher. Ein eingespieltes Team schafft die eheliche Pflicht in maximal fünf Minuten und den Tag mit maximal fünf Sätzen. Den Rest des Tages überbrückt man mit Grunzlauten, Gesten und dem praktischen Weddinglisch.

Wie, Weddinglisch kennen Sie nicht? Weddinglisch ist kein Berliner Akzent, sondern eine eigenständige Sprache, die von Ehepaaren auf der ganzen Welt benutzt wird. Ähnlich wie Esperanto ist die Grammatik in allen Ländern die gleiche, nur das Vokabular wird der jeweiligen Landessprache entlehnt. Praktischerweise deckt sich dieses Vokabular aber bei den meisten feststehenden Redewendungen und Phrasen fast völlig. Lassen Sie uns gemeinsam einen kleinen Streifzug durch dieses faszinierende Idiom machen.

WEDDINGLISCH FÜR ANFÄNGER

Weddinglisch ist eine Sprache, deren Grundlagen schon bei der Trauung gelegt werden. Und zwar bei der Frage: »Willst du diese Frau zur Ehefrau nehmen, sie lieben und ehren, in guten wie in schlechten Zeiten, bis daß der Tod euch scheidet?« Würde man auf diese Frage ehrlich antworten, gäbe es eine Menge zu sagen. Statt dessen beschränken sich die Kombattanten auf ein simples »Ja«. Und haben damit den ersten Schritt zur Sprachlosigkeit in der Ehe getan. Einen ersten Schritt zum sparsamen Gebrauch von Wörtern, der die Voraussetzung für den korrekten Gebrauch des Weddinglischen ist. Beginnen wir mit dem Grundwortschatz:

Hhmm   »Hhmm« ist der wichtigste Baustein im Weddinglischen. Von der Bedeutung her vergleichbar mit den Worten »Ich« im Deutschen, »Amore« im Italienischen, »Paris« im Französischen, »Excuse me« im Englischen und »Fuck« im Amerikanischen. In der richtigen Anwendung kann »Hhmm« fast alles bedeuten. Nehmen wir einen Alltagsdialog und übersetzten ihn mit Hilfe von »Hhmm«.

WEDDINGLISCH – DEUTSCH

»Hhmm???«	»Was ist das denn?«
»Hhmm...«	»Weiß ich nicht.«
»Hhmmmm!«	»Dann will ich es nicht!«
»Hm!«	»Typisch Mann!«
»Hmm!«	»Wie du meinst!«

Das sieht einfach aus, nicht? Ist es aber nicht! Der Anfänger läßt sich leicht verleiten, sich ganz auf das »Hhmm« zu verlassen, und übersieht dabei, daß seine Vielschichtigkeit leicht zu Flüchtigkeitsfehlern und Mißverständnissen führt. Im nächsten Beispiel zeige ich Ihnen am gleichen Dialog, wie schon kleinste Abweichungen aus einem harmlosen Gespräch ein Desaster machen können.

WEDDINGLISCH – DEUTSCH

»Hhmm?!«	»Hast du zugenommen?«
»Hhmm...«	»Weiß ich nicht.«
»Hhmmmem!«	»Hör auf! Du siehst aus wie ein schwangerer Zeppelin!«
»Hm!!!!«	»Aha! Dann wird der Zeppelin jetzt mal dem Finanzamt ein paar Sachen über deine letzte Steuererklärung mitteilen!«
»Hmm!«	»Wie du meinst!«

Sie sehen: Das augenscheinlich so praktische und einfache »Hhmm« ist nur Profis zu empfehlen. Kommen wir zu ein paar leichteren Vokabeln:

WEDDINGLISCH – DEUTSCH

»Schatz«	Wird auf alle Personen angewandt, mit denen man verheiratet, verwandt oder bekannt ist, sowie mit zunehmendem Alter auch auf jegliche andere Person, von der man es vermutet.
»Ja«	Beliebte Allzweckwaffe der Männer. Wird als Antwort auf jede Frage benutzt, die man erstmal vom Tisch haben will, weil gerade Fußball, ein Western, die Werbung oder das Testbild läuft. Diese Tatsache wird von Frauen gerne benutzt, um heimtückisch Fragen wie: »Hättest du gerne noch ein Kind«, oder »Kann Mutter am Wochenende zu Besuch kommen« unterzuschieben. Deshalb empfiehlt sich bei Fortgeschrittenen eher das »Hhmm«.
»Aha«	Wird immer benutzt, wenn das »Ja« nicht paßt und man des »Hhmm« noch nicht mächtig ist. Mit »Aha« werden überwiegend Feststellungen quittiert und die Einstellung des Sprechenden zu den Feststellungen gezeigt. Auch hier entscheidet die Betonung nicht unerheblich über die Bedeutung. Mit »Aha« kann man Freude, Haß, Gleichgültigkeit, Desinteresse, Ekel, Liebe und eine Blinddarmreizung ausdrücken.
»Dings«	»Dings« ist das nicht personengebundene Pendant zu »Schatz«. Mit »Dings« wird alles bezeichnet, was mehr als drei Buchstaben hat. Sachen mit drei oder weniger Buchstaben werden beim richtigen Namen genannt, um Zeit zu sparen.

Grammatikalisch folgt das Weddinglisch dem System der Reduktion. Sie lassen jegliche Deklination, Konjugation und ähnliche Stolpersteine einfach weg – ebenso alles an Verben, Artikeln, Präpositionen, Adjektiven, Pronomen usw. was möglich ist, ohne die Kernaussage unkenntlich zu machen. Ein paar Beispiele:

WEDDINGLISCH – DEUTSCH

»Fuß«	»Kannst du bitte mal die Beine hochheben, damit ich kurz unter dem Sofa saugen kann?«
»Ey!«	»Entschuldigung, Schatz, aber du stehst mir im Bild und es läuft gerade meine Lieblingsserie«
»Machsten morgen?«	»Morgen beginnt übrigens der Winterschlußverkauf. Ich brauche deinen Wagen, deine Kreditkarte und jemanden, der die Tüten trägt.«
»Noch 'n Bier?«	»Ich liebe dich!«

Soweit alles klar? Prima. Dann steht Ihrer ersten selbständigen Übersetzung ja nichts mehr im Weg. Bitte übertragen Sie den nachstehenden Dialog ins Deutsche und bedienen sich dabei der oben angeführten Regeln. Die Lösung ist zur Kontrolle eine Seite weiter auf dem Kopf stehend abgedruckt. Um den Text lesen zu können, machen Sie wahlweise einen Kopfstand, benutzen Sie zwei Spiegel oder drehen Sie das Buch um. Bitte vergessen Sie aber nicht, es vor dem nächsten Kapitel wieder in die richtige Lage zu bringen.

Sie: »Schatz?«
Er: »Ey!«
Sie: »Machsten morgen?«
Er: »Ja.«
Sie: »Noch 'n Bier?«
Er: »Hmm!«

<u>Auflösung</u>

Sie: »Hallo, Sie da auf der Couch?« Er: »Entschuldigung, Schatz, aber du stehst mir im Bild, und es läuft gerade meine Lieblingsserie.« Sie: »Morgen beginnt übrigens der Winterschlußverkauf. Ich brauche deinen Wagen, deine Kreditkarte und jemanden, der die Tüten trägt.« Er: »Ich hab dir nicht zugehört, weil gerade so ein interessantes Testbild läuft – aber du wirst schon recht haben, also laß mich in Ruhe!«
Sie: »Ich liebe dich!« Er: »Wie du meinst.«

92. SPÄTESTENS NACH ZEHN JAHREN EHE
GLEICHT MAN SICH IMMER MEHR

Nicht nur im Verhalten und den Gewohnheiten, auch optisch nähert man sich einander: Frauen bekommen langsam einen Bart, Männer Brüste. Irgendwann fangen sie dann beide an, beim Ankleiden etwas unkonzentriert zu werden. Und zum Schluß sitzen Sie im Bademantel Ihrer Frau vor dem Fernseher und schauen Ilona Christen, während sie in Ihrem Jogginganzug im Garten auf die Elstern schießt. Das traurige Ende ist dann irgendwann, daß sie vor dem Album mit ihren Hochzeitsfotos sitzen und nicht mehr wissen, wer die Braut war.

93. SPÄTESTENS NACH ZEHN JAHREN EHE
HAT MAN DIE GLEICHEN HOBBYS

Bis zur Hochzeit hatten Sie zwei große Hobbys: Mit den Kumpels um die Häuser ziehen und Sport. Und Sie haben sich noch vor dem Altar feierlich von ihr versichern lassen, daß sie Ihnen das nie nehmen wird. Und das macht sie auch nicht. Sie bringt Sie dazu, daß Sie freiwillig damit aufhören. Und zwar generalstabsmäßig geplant wie die Landung der Alliierten in der Normandie. Zuerst werden die Herrenabende sturmreif geschossen: Immer, wenn ein Abend mit Ihren Freunden geplant ist, hat sie Migräne, Bauchschmerzen oder Symptome der fiesesten Krankheit, die gerade grassiert. Und wenn Sie dann zurückkommen, liegt da ein Zettel: BIN BEI MUTTER. Am Telefon haucht sie dann mit letzter Kraft: »Ich dachte plötzlich, ich müßte sterben. Wäre Mutti nicht für mich dagewesen – ich weiß nicht, was passiert wäre. Und? War es schön mit deinen Freunden?«

Beim Sport geht sie noch heimtückischer vor: Sie macht einfach mit. Plötzlich ist sie Mitglied in Ihrem Tennisverein, flirtet mit dem Lehrer und erzählt den knackigen Racket-Häschen (die bisher Wachs in Ihren Händen waren) von Ihren Prostataproblemen und daß der Mercedes nur geleast ist. Sie blamiert Sie, indem sie geblümte Schonbezüge für Ihren Schläger häkelt und Ihre Tenniskleidung beim Waschen rosa verfärbt. Als finaler Hieb läßt sie sich in den Vorstand wählen und setzt das Alter für die Seniorenmannschaft so weit herab, daß Sie dazugehören. Und da Ihre Frau auch das nächste Vereinsfest organisiert, stehen Sie zum ersten Mal seit 15 Jahren nicht hinter der Theke, sondern betreuen das Sackhüpfen für die Kleinen.

Spätestens dann geben Sie auf. Und nehmen aus lauter Langeweile die Hobbys Ihrer Frau an. Und verlieren damit auch noch Ihre Freunde, weil Sie sie zu einer Tupperparty einladen.

94. SPÄTESTENS NACH ZEHN JAHREN EHE
HAT MAN DIE GLEICHEN FREUNDE

Nämlich ihre. Aber wehe, man hat auch die gleiche Freundin.

95. SPÄTESTENS NACH ZEHN JAHREN EHE
ACHTET MAN NICHT MEHR AUF SICH

Mit dem Tag, an dem eine Frau heiratet, verändert sich ihr Hormonhaushalt so rapide wie ihre Einstellung zu ihrem Äußeren. Sie bekommt plötzlich genauso häufig ihre Tage wie vorher ihre Migräne (also zweimal die Woche), und sie braucht im Bad plötzlich für die komplette Schönheitspflege nur noch so lange wie früher für das Zähneputzen. Also drei Minuten statt drei Stunden. Die so gewonnene Zeit nutzt sie, um etwas für ihre Figur zu tun. Und zwar, indem sie sich mästet. Eine verheiratete Frau kann schneller zunehmen als die Inflation nach dem ersten Weltkrieg. Und dieses Phänomen wird um so extremer, je weiter südlich die Frau lebt. In Neapel kam es 1987 zu einer Hochzeit, bei der die Braut am Arm ihrer zwei Brüder durch das Kirchenportal trat, aber nach der Trauung mit einem Lastkran durch den Glockenturm ins Freie gehievt werden mußte. Diese Gewichtszunahme, verbunden mit dem plötzlichen, rudelweisen Auftreten von Hautunreinheiten (Braut-Akne) und Orangenhaut (Braut-Haut) sowie dem gleichzeitigen Verschwinden von Busen und Reizwäsche (postmatrimonisches Symptom) nennt man »Ehe«.

Nun müssen Sie aber nicht denken, diese körperliche Entwicklung beruhe auf bösem Willen oder der Tatsache, daß die Frau sich nach der Trauung gehenläßt. Nein, das wäre wirklich zu simpel und in Klischees gedacht. Es ist erheblich komplizierter und wissenschaftlicher: Ausgelöst durch das Bewerfen mit Reis vor der Kirche (Reis als Symbol für Fruchtbarkeit, aber auch als Symbol für Hunger), stellt der Körper einer Frau die Produktion des Schilddrüsenhormons Tyroxin vorübergehend ein. Tyroxin aber regelt den Grundumsatz. Das führt also dazu, daß ab sofort jedes Stück Hochzeitstorte, Fleisch, Gemüse – ja, sogar Wasser, Diätsuppen und Knäckebrot nicht mehr abgebaut, sondern sofort in Fettdepots umgewandelt werden. Der Grund für diesen Prozeß: Damit verhindert die Natur, daß eine verheiratete Frau von anderen Männern begehrt wird. Natürlich auch von ihrem eigenen Mann, aber für den hat die Natur ja noch Überstunden und unverheiratete Kolleginnen erfunden.

96. Sogar nach zehn Jahren Ehe wollen Frauen immer noch Blumen

Im Fernsehen läuft mal wieder nur Unsinn. Nicht, weil das Programm schlecht wäre! Oh, nein: Das Programm ist prima –

außer auf dem Sender, den Ihre Frau gerade eingeschaltet hat, laufen Kinofilme in Erstausstrahlung, preisgekrönte Dokumentationen, zwei Spitzenbegegnungen der europäischen Fußball-Erstligisten sowie drei Magazine, in denen garantiert wieder jede Menge Haut und sexuelle Randgruppen gezeigt werden. Aber Sie müssen die dritte Wiederholung eines französischen Liebeskrimis aus den 50er Jahren sehen. Seit zwei Stunden starren Menschen bedeutungsschwanger in irgendwelche Gegenden, Frauen schluchzen vor Schmerz oder Quieken vor Lust (der Unterschied ist meist nur an der Musik festzumachen) und dauernd springt irgendwo irgendein baskenmützentragender Künstler auf und schreit »Paris« – natürlich mit diesem Akzent, den nur Bretonen draufhaben. Der Held der Geschichte hat gerade seine Freundin verlassen, weil sie zu eifersüchtig für einen Mann ist, den die Natur zu schön und intellektuell gemacht hat, als daß er sich an eine einzige Frau verschwenden sollte. Das Ganze natürlich mitten in Paris. Und während die Verlassene vor Schmerz schluchzt (es muß Schmerz sein, weil im Hintergrund etwas von der Piaf läuft), macht ein drittklassiger Pantomime umständlich Trauer nach und schenkt ihr eine imaginäre Rose (es muß eine Rose sein, weil er noch jämmerlich schlecht darzustellen versucht, daß er sich in den Finger gestochen hat).

Und genau in diesem Moment – eines der Spitzenspiele wird laut Uhr gerade abgepfiffen – beugt sich Ihre Frau zu Ihnen und schluchzt (vielleicht quiekt sie auch – aber ohne die dazugehörige Musik ist das schwer auseinanderzuhalten): »Warum schenkst du mir eigentlich nie Blumen?«

Tja, warum? Vielleicht, weil wir ihr schon so viel schenken? Zum Beispiel schwachsinnige Filme, während das gesamte Programm vor Highlights strotzt? Oder schenken wir ihr keine Blumen, weil wir gegen alles, was frischer als ein Kratzbaum ist, allergisch sind? Nein, die Antwort ist leider ein bißchen komplizierter: Wir wollen ihr ja gerne Blumen schenken. Auch wenn wir schon seit 10 Jahren verheiratet sind. Aber wir kommen nie dazu. Denn wir sind der Meinung, daß etwas so besonderes wie Blumen schenken nicht geschehen sollte, weil *sie* uns daran erinnert, sondern weil wir selbst daran gedacht und es aus freien Stücken getan haben.

Aber immer, wenn wir denken: »Ja, jetzt hat sie so lange nicht mehr gefragt, daß es glaubhaft ist, daß wir selbst daran gedacht haben« – immer genau dann kommt wieder die klagende Frage: »Warum schenkst du mir eigentlich nie Blumen?«

Und so lehnen wir uns zurück, um ein weiteres Jahr verstreichen zu lassen. Ein weiteres Jahr, das SIE nicht verstreichen lassen wird. Nicht mal, wenn wir ihr unseren Grund zum achten Mal in aller Ausführlichkeit erklärt haben.

So, ist jetzt noch jemand da, der nicht einsieht, daß man kein zweites Mal heiratet? Wenn ja, dann möge er das letzte Kapitel noch mal lesen. Und zwar so oft, bis er es kapiert hat – oder so alt ist, daß der Geistliche ihm bei der Trauung auch gleich noch die Sterbesakramente geben kann.

Das finden Sie jetzt pietätlos und unrealistisch? Weit gefehlt! Kein Mann kann so alt werden, daß Senilität oder Siechtum ihn der Gefahr einer Heirat entzieht. Es findet sich immer eine Frau, die den Gang zum Altar auch dann nicht scheut, wenn sie den Ehemann hinterher über die Schwelle tragen muß. Und wenn schon nicht mit einem Ring am Finger, so findet sich oftmals ein anderer Weg, um einem alternden Junggesellen den verdienten und hart erkämpften Frieden zu verwehren: Die Geißel des Pflegedienstes!

DIE SACHE MIT DER PFLEGERIN

Von der Wiege bis zur Bahre – immer sind wir mit Frauen konfrontiert, die nur ein Ziel haben: Uns mit unserer Nacktheit und der mangelnden Kontrolle über unsere Ausscheidung zu demütigen. Haben Sie sich jemals gefragt, warum eine Frau Kinderkrankenschwester wird? Oder Altenpflegerin? Die Antwort ist so einfach wie erschreckend: Weil man in beiden Positionen auf Männer trifft, die noch nicht oder nicht mehr im Vollbesitz ihrer geistigen und körperlichen Kräfte sind. Versetzen wir uns doch mal einen Augenblick in eine Pflegerin und genießen die Macht und Kontrolle, die wir plötzlich über Männer haben. Denn merke:

97. Eine Frau im Kittel ist meistens eine Sadistin

Fröhlich überschreiten wir die Zeiten für Töpfchen oder Bettpfanne, um dann mit erhobenem Zeigefinger den kommenden Nobelpreisträger oder ehemaligen Präsidenten zu tadeln: »Nananana! Hat der böse Kleine wieder Häufi gemacht? So ein schmutziger, schmutziger Wutzebär!«

Anschließend schlendern wir noch ein bißchen durch die Station, vertauschen einen Säugling, der eigentlich mal ein Mittel gegen Krebs erfinden sollte, mit dem Kind einer drogensüchtigen Killerin, drehen bei einem Wirtschaftsmagnaten den Tropf mit den Schmerzmitteln zu und lesen dem langjährigen Literaturkritiker der Süddeutschen Zeitung einen »Hanni und Nanni«-Roman vor. Sobald der Wirtschaftsmagnat vor Schmerz anfängt zu weinen, rufen wir alle Sekretärinnen in seiner Firma an und lassen sie mithören. Danach fotografieren wir den Ex-Präsidenten mit der Bettpfanne und schicken die Fotos anonym einer Boulevardzeitung. Wenn wir dann noch Zeit haben, messen wir bei allen Patienten Fieber – und zwar abwechselnd rektal und oral (mit nur einem Thermometer natürlich).

Kurz vor Ende der Schicht bereiten wir dann die Visite vor, indem wir die Fieberkurven mit dem Kursverlauf des russischen Rubels abgleichen. Anschließend drehen wir die Heizung runter, packen alle Desserts für unsere Nachbarin ein und stellen die Betten so ein, daß den Patienten die Beine ein-schlafen. Und dann gehen wir nach Hause und lesen die Bücher, die wir dem Literaturkritiker im Tausch gegen zwei »BRAVO« weggenommen haben.

Jetzt wissen Sie, warum sich immer wieder Frauen finden, die trotz schlechter Bezahlung, langer Dienstzeiten und großer nervlicher Belastung in den Pflegedienst gehen. Und Sie ver-stehen, warum ein Mann sich noch mit seinem letzten Lebens-hauch dagegen wehren muß, daß eine dieser Matronen in weiß sein Haus betritt. Wenn nicht, werden wir einfach noch ein bißchen deutlicher.

98. Eine Pflegerin ist eine Ehefrau ohne Trauschein

Eine Pflegerin im Hause zu haben ist, als ob man gleichzeitig Läuse und keine Arme zum Kratzen hat. Man ist doppelt verlo-ren. Denn eine Pflegerin vereint alle negativen Merkmale einer ehelichen Beziehung, ohne daß sie wenigstens auch deren, wenn auch schrecklich wenigen, Vorteile bietet.

Eine Pflegerin darf einen Mann bevormunden, wie es ihr beliebt. Sie darf ihm seine Zigarren, seinen Alkohol, sein Lieblingsessen und seine Skatabende verbieten. Ja, sie kann ihm sogar die kleinen Freuden in Form der textilarmen Filmchen im Spätprogramm nehmen, die ihm als letzte und erbärmlichste Form der Partizipation am weltumspannenden Geschlechtsleben geblieben sind. Und man kann sich nicht da-gegen wehren. Wie auch? Mit Gewalt? Ein alter, arthritischer Mann mit der Kraft der zwei Herzen und der Power eines Osterlämmchens gegen eine Frau, die ihn mit einer Hand hochheben kann, während sie sein Kissen aufschüttelt?

Und das Gehalt können Sie ihr auch nicht kürzen. Weil sie schon lange ihre Sparbücher entdeckt hat – und Sie ihr das Kenn-wort verraten haben, weil Sie es sich nicht mehr merken können.

Das Schlimmste ist allerdings, daß die Pflegerin Sie behandelt, als wären Sie mit ihr verheiratet – sie aber nicht mit ihr schlafen dürfen. Natürlich könnten Sie das aus körperlichen Gründen auch mit einer Ehefrau nicht mehr. Aber der könnten sie wenigstens ein schlechtes Gewissen einreden, indem Sie behaupten, es läge an ihr.

99. Für Männer gibt es kein Artenschutzgesetz

Heutzutage wird alles geschützt: Tiere, Blumen, Sex, Erfindungen, schwachsinnige Titel für blödsinnige Filme und sogar das ungeborene Leben. Auch Menschen werden in allen Lebenslagen geschützt: Es gibt Brutkästen, Kinderheime, Jugendämter, Frauenhäuser und Altenstifte. Nur der wildlebende Mann ist auf sich selbst gestellt und muß sich selbst helfen und schützen. Aber was ist, wenn er das nicht mehr kann und in die Hände einer Pflegerin fällt? Nun, dann ist er ihr hilflos ausgeliefert. Denn alles, was Tierschützer empört auf die Barrikaden treiben würde, ist bei einem alternden Mann erlaubt. Eine Rasse, die am Aussterben ist, macht weltweit Schlagzeilen auf den Titelseiten. Ein Mann, der gerade am Aussterben ist, schafft es vielleicht gerade mal hinterher auf die Seite mit den Todesanzeigen. Falls er sich rechtzeitig selbst darum gekümmert hat. Wenn er diese Aufgabe auch seiner Pflegerin überläßt, steht er nämlich aus Kostengründen bei den vermischten Kleinanzeigen. Zwischen einer strengen Dame, die tabulose Erziehungsspielchen anbietet, und einem Biobauern, der einen Abnehmer für 50 Kubikmeter Rinderdung sucht.

Wenn wir nur eines aus diesem Buch lernen, dann ist es dies: Das Leben eines Mannes ist mit Frauen gespickt wie die ehemalige Zonengrenze mit Minen. Hebammen, Mütter, Kindergärtnerinnen, Lehrerinnen, weibliche Verwandte, Mitbewohnerinnen, Freundinnen, Kolleginnen, Verlobte, Ehefrauen,

Schwiegermütter, Krankenschwestern und Pflegerinnen – sie alle tragen maßgeblich zu allen Nöten, Schwierigkeiten, Problemen, Wirrnissen und Irrnissen bei, die uns begleiten und prägen. Außer in der Fremdenlegion, während einer mehrjährigen Haftstrafe oder der Besteigung des Mount Everest sind wir ihnen immer ausgeliefert. Und selbst die eben aufgezählten Möglichkeiten schließen die Gefahr einer Subversion durch Frauen nicht aus. Wahrscheinlich stellen Sie nämlich dabei fest, daß es in der Fremdenlegion Transvestiten sowie im Strafvollzug weibliche Schließerinnen gibt – und daß der sagenumwobene Yeti ein Weibchen ist. Lassen Sie uns in dieser ausweglosen Situation an einem Credo festhalten:

100. Ein Mann tritt alleine in diese Welt
– und sollte sie auch alleine wieder verlassen

Die Laufbahn eines Mannes beginnt mit der Reifezeit einer neunmonatigen Isolation. Diese Einsamkeit ist wichtig, um sich körperlich auf die Anforderungen eines Lebens voller Frauen vorzubereiten. Genauso logisch ist es aber auch, daß er sich zumindest die gleiche Zeit in die Migration begibt, um sich von dieser Welt wieder zu lösen. Also: Wenn Sie spüren, daß Gevatter Tod langsam einen Termin zu machen beginnt, jagen Sie alles aus dem Haus, was Ihnen zwar die Schädlichkeit all dessen, was Sie mögen, aber nicht die Abseitsregel erklären kann. Sie haben nicht Jahrzehnte in die Rentenkasse und die Pflegeversicherung einbezahlt, um sich im Alter bevormunden zu lassen wie ein Säugling. Auch wenn die Parallelen natürlich gewaltig sind. Das beginnt bei der Behaarung und endet bei der Konsistenz der Nahrung.

Nun mögen Sie einwenden, es sei sehr schwer, zu wissen, wann die letzten Monate anbrechen und Handlungsbedarf besteht. Da haben Sie natürlich recht. Deswegen sollte man auch lieber einmal zu oft aktiv werden als einmal zu wenig. Wann immer Sie also zu spüren glauben, daß etwas in Ihrem Leben einzutreten scheint, was in irgendeiner Form mit der Möglichkeit korrespondieren könnte, Ihnen Ihre Sterblichkeit bewußt zu machen – schmeißen Sie alle Frauen raus!

Solche Momente sind, unter anderem, bei folgenden Indikatoren gegeben: Schnupfen, Kopfschmerzen, Verspannungen, Appetitlosigkeit, Müdigkeit, übermäßiger Durst oder Mundgeruch.

VI. ULTIMA RATIO

Mein Verleger hat mich gebeten, dieses Buch versöhnlich zu beenden. Aber mein Verleger war ja auch schon mal verheiratet. Insofern hat er als Befehlsempfänger mehr Erfahrung als mit der Vergabe von Ordern, und wir wollen ihm diesen Lapsus durchgehen lassen, indem wir ihn ignorieren.

Nun, was haben wir bei der Lektüre dieses Ratgebers alles erfahren? Zum ersten, daß wir lesen können. Zum zweiten, daß trotz des verheißungsvollen Titels tatsächlich keine Fotos von nackten Frauen oder detailgetreuen Schilderungen der Möglichkeiten menschlicher Fortpflanzung enthalten sind. Und zum dritten, daß man über jedes Thema rund 100 Seiten schreiben kann, wenn man keine Frau ist. Sonst braucht man dafür nicht mal ein Thema, sondern nur einen Verlag.

Vielleicht ist es ja einfacher, wenn ich nicht in Ihnen herumspekuliere, sondern einfach erzähle, was ich beim Schreiben dieses Buches gelernt habe. Zum Beispiel, daß Männer und Frauen Wesen aus zwei völlig verschiedenen Welten sind. Wann immer ich mit Bekannten oder Verwandten über dieses Buch gesprochen habe, gingen die Reaktionen auseinander wie die Kontinentalplatten. Zum Beispiel beim Titel. Die Reaktion eines Mannes auf den Titel des Buches waren zu 90 Prozent positiv. Fast alle Probanden drückten Ihre Hochachtung aus und bewunderten die Menge an Gründen, die man zusammengetragen hat.

Bei Frauen war die Reaktion nur ansatzweise gleich. Auch sie zeigten sich fast durchweg erstaunt über die Menge an Gründen. Aber bei ihnen ging dieses Erstaunen weniger mit Hochachtung als mit Abscheu einher. Abzulesen an einem Gesichtsausdruck, der folgendes darstellte: »Was für ein kranker Geist kann sich so viele – und garantiert falsche – Gründe aus den Fingern saugen?«

Weil aber bei beiden Gruppen die Kernaussage die gleiche war, will ich an dieser Stelle kurz erklären, wie man auf 101 Gründe kommt, ohne Frauen zu leben. Man nimmt sich einfach mal fünf Minuten Muße, setzt sich mit einem Spickzettel und einem Stift hin und notiert die 500 Gründe, die einem spontan einfallen. Dann sucht man sich die besten 101 raus und schmeißt den Rest weg.

Aber ich möchte endlich auch die Frage beantworten, welche Geisteshaltung man gegenüber Frauen an den Tag legen muß, um ernsthaft und mit aller Konzentration Begründungen für eine Verweigerungshaltung gegenüber dem weiblichen Geschlecht zu finden, zu extrahieren oder zu entwickeln. Die Antwort lautet: Respekt und Hochachtung.

Sich mit einem Problem zu befassen bedeutet, es als ernsthafte Bedrohung anzusehen. Und eine ernsthafte Bedrohung bilden nur Herausforderungen, die uns vor die Frage stellen, ob wir ihnen gewachsen sind. Und hier liegt auch der Grund, warum Männer trotz aller Unterschiede und Unstimmigkeiten zwischen den Geschlechtern immer wieder mit Frauen zusammenkommen. Es ist nicht der Sex, es ist nicht die Fortpflanzung – es ist diese Anziehungskraft, die das Unabwägbare, der Kitzel des Risikos, der Reiz der Gefahr, die Magie des Verbotenen, der Zauber des Unmöglichen mit sich bringt. Alle großen Leidenschaften entstehen und entstanden aus diesem prickelnden Mix. Liebte Romeo seine Julia, weil sie so ein zauberhaftes Wesen war? Oder nicht doch, weil beider Familien die Beziehung untersagten und ihrem Flirt so den Hauch des

Nervenkitzels gaben? Mußten wir Menschen unbedingt auf den Mond, weil wir dort etwas Wichtiges zu finden hofften? Oder nur, weil es bisher nicht möglich war? Stürzen wir uns mit Fallschirmen aus Flugzeugen, weil das gesundheitlich irgendeinen Sinn macht? Oder eher, weil zu einem kleinen Prozentsatz doch immer die Möglichkeit besteht, daß wir mit 250 Stundenkilometer aufschlagen? Steigen wir bei Minusgraden auf steile Berghänge, weil der Lift ausgefallen ist? Oder weil dabei das Adrenalin durch unsere Adern tost wie eine La ola?

Seien wir ehrlich: Wenn wir die Frauen nicht hätten, würden wir Sie erfinden und Geld für die Benutzung verlangen.

Aber: Wir haben sie! Sie sind immer und überall. Sie sterben nicht aus, sie verschwinden nicht, sie werden nicht älter (die einzelnen schon, aber die Masse nicht). Und sie werden auch nicht schlecht. Also besteht kein Grund, sich übereilt in irgendeine Beziehung zu stürzen.

Und mit dieser Erkenntnis sind wir am Ende dieses Buches angelangt. Und beim letzten Grund, den Sie sich bitte alle auf den Brustkorb tätowieren lassen:

101. FÜR EINE BEZIEHUNG IST ES NIE ZU SPÄT, ABER IMMER ZU FRÜH

Ich wünsche Ihnen noch ein schönes Leben!

VII. GLOSSAR

1. Die Verbindung von Mann und Frau ist eine Erfindung der Zivilisation
2. Frauen benutzen Sex als Waffe
3. Frauen versuchen, Männer in die Abhängigkeit zu treiben
4. In der Welt eines Mannes richten Frauen nur Unheil an
5. Für Mama hören wir nie auf, ein Kind zu sein
6. Mütter blamieren uns vor unseren Freundinnen
7. Es ist widernatürlich, länger als nötig bei Mutter zu leben
8. Die elterliche Wohnung ist ein Knast ohne Gitter
9. Mütter hören nicht zu
10. Mütter mögen unsere Freunde nicht
11. Mütter machen Handarbeiten
12. Mütter spionieren
13. Mütter bereiten ihre Kinder nicht auf Alkohol vor
14. Mütter bereiten ihre Kinder nicht auf Sex vor
15. Mütter bereiten ihre Kinder nicht auf Bücher von Hera Lind vor
16. Mütter bereiten ihre Kinder nicht auf Gewalt vor
17. Mütter bereiten ihre Kinder nicht auf das Gesetz vor
18. In einer WG mit Frauen kochen die Männer
19. WG-Frauen bringen Männer mit
20. WG-Frauen sind doppelt gefährlich
21. WG-Frauen haben ein zu gutes Herz
22. WG-Frauen sammeln
23. WG-Frauen besuchen VHS-Kurse
24. WG-Frauen sind total aufgeklärt
25. WG-Frauen ernähren sich gesund
26. WG-Frauen diskutieren gerne
27. WG-Frauen sind gegen jede Art von Luxus
28. Frauen respektieren keine Reviergrenzen
29. Frauen ist jedes Mittel recht
30. Ein Weibchen ist immer auch eine Frau
31. Frauen betrügen uns bei Äußerlichkeiten
32. Frauen haben lange Haare
33. Frauen können nicht sachlich diskutieren
34. Frauen menstruieren
35. Frauen sprechen eine eigene Sprache
36. Frauen bekommen Kinder
37. Frauen rasieren sich die Beine
38. Frauen kommen mit Frauen nicht aus

39. Frauen antworten nicht auf Fragen
40. Frauen haben keine Beziehung zu elektrischen Geräten
41. Frauen haben hohe Stimmen
42. Frauen haben Brüste
43. Frauen altern schneller als Männer
44. Frauen wissen, was sie wollen – sagen es aber nicht
45. Frauen stellen Fragen, die Männer nicht beantworten können
46.-60. Frauen verschwenden unsere Zeit
61. Frauen sind eifersüchtig auf unsere Jobs
62. Sex wird völlig überbewertet
63. Biologisch betrachtet ist die Ehe überholt
64. Mathematisch betrachtet ist die Ehe unberechenbar
65. Historisch betrachtet ist die Ehe Geschichte
66. Volkswirtschaftlich betrachtet ist die Ehe ein Bremsklotz
67. Medizinisch betrachtet ist die Ehe eine Krankheit
68. Männer mögen Fußball
69. Männer können im Stehen pinkeln
70. Männer bekommen keine Kinder
71. Männern weinen nicht
72. Männer können alles erklären
73. Männer lieben Comics
74. Männer können ein Bier mit fast allem öffnen
75. Männer wissen, wo beim Auto der Vergaser ist
76. Männer haben keine Angst vor Spinnen
77. Männer haben einen Orientierungssinn
78. Männer schminken sich nicht
79.-88. Frauen bringen Schwiegermütter mit in die Ehe
89. Spätestens nach zehn Jahren Ehe hat man keine Geheimnisse mehr
90. Spätestens nach zehn Jahren Ehe ist Sex wie Zähneputzen
91. Spätestens nach zehn Jahren Ehe wird man wortlos
92. Spätestens nach zehn Jahren Ehe gleicht man sich immer mehr
93. Spätestens nach zehn Jahren Ehe hat man die gleichen Hobbys
94. Spätestens nach zehn Jahren Ehe hat man die gleichen Freunde
95. Spätestens nach zehn Jahren Ehe achtet man nicht mehr auf sich
96. Sogar nach zehn Jahren Ehe wollen Frauen immer noch Blumen
97. Eine Frau im Kittel ist meistens eine Sadistin
98. Eine Pflegerin ist eine Ehefrau ohne Trauschein
99. Für Männer gibt es kein Artenschutzgesetz
100. Ein Mann tritt alleine in diese Welt - und sollte sie auch alleine wieder verlassen
101. Für eine Beziehung ist es nie zu spät, aber immer zu früh

Nate Penn, Lawrence LaRose

Die Kunst, der Frau fürs Leben zu entgehen

Aus dem Amerikanischen von Massimo Spitz.
127 Seiten. SP 2818

Endlich haben zwei Männer die Antwort gefunden auf die unzähligen Ratgeber, die Frauen »den Mann fürs Leben« bescheren wollen. Nate Penn und Lawrence LaRose zeigen Ihnen, wie Sie das Superweib erobern, ohne die sonst üblichen Risiken und Nebenwirkungen in Kauf nehmen zu müssen: Sie brauchen kein Vermögen für Pelzmäntel auszugeben, Sie werden keine einzige Sportschau versäumen, und am Ende brauchen Sie keinen langfristig bindenden Ehevertrag zu unterschreiben. Mit witzigen, schlagfertigen und nicht so ganz ernst gemeinten Ratschlägen wird hier die Kunst geschildert, die Frau des Lebens zu erobern und sie garantiert nicht heiraten zu müssen.

»Dieses Buch hat einen unschätzbaren Vorteil: Es ist witzig und vor allem nicht ernst gemeint.«
Der Spiegel

Hilke Rosenboom

Rezepte, für die man geheiratet wird

142 Seiten. SP 2954

Sie haben sich bereits ausgetobt, und es gelüstet Sie nicht mehr nach Männern, die mit einer Dose Kaviar zwischen den Zähnen und Ihnen im Arm über Tische und Bänke springen? Sie wollen einen Ehemann, und zwar den besten von allen? Dann ist dieses Buch genau das richtige für Sie. Es ist kein Buch über die Kunst der Verführung und keines über esoterische Kochrezepte. Es enthält keinen Hinweis für selbstgemachten Lippenstift mit Erdbeergeschmack. Statt dessen präsentiert Hilke Rosenboom nicht nur eine freche Charakterisierung verschiedener Männertypen und ihrer Vorlieben, sondern auch fünfundzwanzig absolut sichere Rezepte, von denen jedes einzelne einen Mann in die Knie zwingt, wo er dann seinen Heiratsantrag machen kann. Ein augenzwinkernder Ratgeber für alle Frauen, die ihre Suche nach dem Mann fürs Leben erfolgreich abschließen wollen.

Ellen Fein,
Sherrie Schneider

Die Kunst, den Mann fürs Leben zu finden

»The Rules«. Aus dem
Amerikanischen von Renata Platt.
176 Seiten. SP 2461

Wie angle ich mir meinen Märchenprinzen? Dieses Buch verrät Ihnen große und kleine Tricks, die bei der Eroberung Ihres Herzblatts (fast) immer ins Schwarze treffen.

»Vierunddreißig Regeln für den Männerfang legen Ellen Fein und Sherrie Schneider heiratswilligen Frauen ans klopfende Herz. Männer sind Jäger, wissen sie, und begehren stolzes Wild. Daher hat eine Frau freitags Einladungen für den Samstag abzulehnen. Kurzfristige Zusagen lassen sie als leichte, langweilige Beute erscheinen und den Mann fürchten, daß sie nur darauf warte, sich und ihr Elend ihm an den Hals zu werfen. Das trifft zwar zu, sie verschweigt es aber und spielt in heiratstaktischem Feminismus die Selbständige – nicht um ihrer Autonomie willen, sondern weil den Männern

nur die Frauen keine Ruhe lassen, die sie in Ruhe lassen.«
FAZ–Magazin

Die neue Kunst, den Mann fürs Leben zu finden

»The Rules II«. Aus dem
Amerikanischen von Ursula
Buntspecht. 232 Seiten. SP 2702

Auf in die zweite Runde! Nach dem Sensationserfolg ihres Buches »Die Kunst, den Mann fürs Leben zu finden« bieten Ellen Fein und Sherrie Schneider einen neuen Katalog mit Tips und tieferen Einsichten, damit auch Sie ihn endlich bekommen: den Mann fürs Leben. Jede Menge Singles laufen heutzutage herum, es wäre doch gelacht, wenn da nicht einer für Sie dabei ist. Nur müssen Sie es richtig machen. Wie hole ich meinen langjährigen besten Freund vor den Traualtar? Wie bekomme ich meinen Ex zurück? Was mache ich aus der Büroaffäre? Was, wenn er geschieden ist und Kinder hat? Was, wenn er reich ist und mich zu einem luxuriösen Wochenende einlädt? Unverblümt und offen stehen Ellen Fein und Sherrie Schneider mit Rat und Tat zur Seite.

Gute-Nacht-Geschichten für Männer, die nicht einschlafen wollen
Herausgegeben von Ingrid Kahl.
143 Seiten. SP 2651

Es gibt eine Alternative zu den zwei üblichen Tätigkeiten im Bett – und ihr ist dieses Buch gewidmet: Frau kann dem Manne an ihrer Seite auch etwas vorlesen. Zum Beispiel eine der Geschichten dieses Bandes, für den sechzehn Autorinnen sechzehn Erzählungen und einen Abzählreim beigesteuert haben. So gibt es kein schlafloses Herumwälzen mehr, das den eigenen Schlaf kostet. Und selbst das männliche Sägewerk kann zur Ruhe gebracht werden. Einfach vorlesen! Und daß die Geschichten nicht vom Liebesleben der Flußkiesel erzählen, sondern hineingreifen ins volle Liebesleben von Mann und Frau, versteht sich bei diesen Betthupferln von allein. Hier wird geliebt und gelitten, gestritten und Versöhnung gefeiert, daß es eine wahre Freude ist. Und alle Geschichten dienen ausschließlich dem einen guten Zweck: Vergnügen zu bereiten.

Warum heiraten?
Ein Lesebuch rund um die Ehe.
Herausgegeben von Regula
Venske. 192 Seiten. SP 2747

Heute wird in Großstädten jede zweite Ehe geschieden. Trotzdem wird weiter sich hingegeben, gehochzeitet und die Zugewinngemeinschaft zelebriert. Warum nur? Wozu die Quälerei? Oder ist an der eingetragenen Lebensgemeinschaft nicht doch etwas dran? Die größten Experten sind vermutlich die Heiratsschwindler, die größten Skeptiker Singles. Regula Venske hat mehr als dreißig Autorinnen und Autoren eine Meinung zu diesem Thema entlockt. Ein buntschillerndes Kaleidoskop ist entstanden, das allen Zögerlichen und Heiratsscheuen, aber auch Enthusiasten zeigt, daß übers Heiraten noch längst nicht alles gesagt ist. Denn schon allein die Frage »Warum heiraten?« wirft eine Gegenfrage auf: »Warum nicht?«

Geschichten zum Rotwerden
Über die wichtigste Sache der Welt.
Herausgegeben von Sabine Blau.
286 Seiten. SP 2980

Ist Sex wirklich die wichtigste Sache der Welt? Was ist dran an dem, was anständige Frauen und Männer nur im Schlafzimmer tun? Wie steht's mit Enthaltsamkeit, Impotenz und Perversion, Homosexualität, Promiskuität und Monogamie? Wie ist die Liebe am schönsten – mit dem eigenen Mann oder seinem besten Freund, One-night-stand oder ewige Treue, online ohne Ansteckungsgefahr oder richtig schön romantisch? Und was, wenn Frauen darüber schreiben? Diktieren bei Frauen inzwischen uneingeschränkte Freiheit und Unabhängigkeit die Liebesdinge? In sechsundzwanzig Geschichten erzählen sechsundzwanzig Autorinnen von Sinnlichkeit und Begehren auf ihre je eigene Art.

Lust an der Lust
Ein Lesebuch der Begierden. Herausgegeben von Linda Walz und Gerhard Seidl. 288 Seiten. SP 2660

Was wäre das Leben ohne die Wonnen der Lust? Sicher viel einfacher und übersichtlicher, aber auch erheblich trister und langweiliger! So ist denn auch die Lust – ob im Glück der Erfüllung oder in den Qualen der Versagung – von jeher ein unerschöpfliches Thema der Literatur. Alle Lüste dieser Erde, alle sinnlichen Genüsse präsentiert der Texte-Strauß dieser Anthologie: die Fleischeslust con variazioni und die Erregung des Berührens, das barocke Vergnügen am guten Essen und Trinken, der Genuß des Rauches, das Schwelgen in Düften und Farben. Berühmte Autoren aus aller Welt von der Antike bis heute schildern in Erzählungen, Romanen, Gedichten die Lust, die uns die Lust bereitet, aber auch die Lust, zu der die Lust werden kann, wenn sie unerfüllt bleibt, wenn sie zur Obsession, zur Sucht wird. Diese Mischung aus dramatischen, amüsanten und spannenden Geschichten sind wunderbare Aperetifs und Gaumenkitzler.

SERIE PIPER

Hans Conrad Zander

Zehn Argumente für den Zölibat

Ein Schwarzbuch. 159 Seiten. SP 2691

Der Zölibat macht schlank, glücklich und männlich. Sagt Hans Conrad Zander, ehemaliger Dominikanermönch und exzellenter Großmeister der Satire und des schwarzen Humors. Er ergreift geistreich und witzig Partei für das Keuschheitsgelübde – der Zölibat ist nämlich in Wahrheit skandalös, abenteuerlich, erotisch, frech und natürlich. Denn die katholischen Priester tun das Schlimmste, was ein Mann der sexuellen Leistungsgesellschaft antun kann: Sie tun nichts. Und dabei geht es doch um eine schützenswerte sexuelle Minderheit von 0,02 Prozent der Bevölkerung! Außerdem: wie sich der Zölibat im Rom des 4. Jahrhunderts als Alternative gegen die Macht der Familienväter und Patriarchen förmlich aufdrängte und seither unverzichtbares Herzstück des römischen Amtes wurde. Ein verschmitzter zölibatärer Lobgesang.

Jean-Luc Hennig

Der Hintern Geschichte eines markanten Körperteils.

Aus dem Französischen von Sabine Lorenz und Felix Seewöster. 231 Seiten mit zahlreichen Abbildungen. SP 2919

Hier dreht sich alles um den Allerwertesten: den runden, den großen, den verführerischen, den knabenhaften Hintern, auch um den hinreißenden Po von Marilyn Monroe, den sie durch ihren »Kugellagergang« so richtig in Szene zu setzen verstand. Jean-Luc Hennig liefert auf amüsante und geistreiche Weise alles Wissenswerte über das beste Stück. Eine süffisante und humorvolle Kulturgeschichte des Hinterns von den festen Marmorbacken griechischer Götter bis zu Man Rays fotografischen Meisterwerken.

»Jan-Luc Hennig berichtet in einer amüsanten Art und Weise, die dennoch nie verhehlt, wie ernst sie ihren Gegenstand nimmt und seine Geschichte.«
Süddeutsche Zeitung

SERIE PIPER

Arthur Freeman
Rose De Wolf

Die 10 dümmsten Fehler kluger Leute

Wie man klassischen Denkfallen entgeht. Mit einem Vorwort von Aaron T. Beck. Aus dem Amerikanischen von Karin Diemerling. 259 Seiten. SP 2551

Jeder, selbst der Klügste, hat in seinem Leben mal etwas getan, was sich hinterher als dumm herausstellte. Arthur Freeman, einer der bedeutendsten Vertreter der kognitiven Theorie, und die Journalistin Rose DeWolf zeigen in ihrem Buch klassische Denkfehler auf. Sie liegen in unseren Einstellungen begründet und können unser Leben entscheidend prägen. Ob es sich um übertriebenen Perfektionismus oder ewiges Ja-Sagen handelt, um den Hang zum Gedankenlesen statt der offenen Aussprache, um Besserwisserei oder die Sucht nach Vergleichen: Wenn man die Denkfehler erkennt, die unser Handeln und letztlich unser Glück behindern, so Freeman, ist der erste Schritt getan. Damit es bei der Selbsterkenntnis aber nicht bleibt, bietet der Band zahlreiche Lösungsvorschläge an, die einem bei der Umlenkung der eigenen Denkkraft behilflich sind.

Jens Klocke,
Laabs Kowalski

101 Gründe, kein Fernsehen zu gucken

119 Seiten. SP 3166

Es gibt 101 Gründe, kein Fernsehen zu gucken. Das jedenfalls meinen ausgerechnet die zwei Fernsehprofis Jens Klocke und Laabs Kowalski. Kritisch, witzig und frech nehmen sie das schrillste Medium des Jahrhunderts unter die Lupe. Kaum etwas entgeht ihren lästerlichen und schonungslosen Enthüllungen: Talkshows und ihre Moderatoren, Soaps, Sitcoms, Spielfilme und Serien, Quiz-Shows, Kultur- und Kindersendungen werden genußvoll durch den Kakao gezogen. Und mal ehrlich: Welchem Talkshow-Moderator würden Sie zutrauen, das Wechselgeld richtig herauszugeben? Eine humoristische Liebeserklärung für alle, die in aufrichtiger Haßliebe dem täglichen Programm verbunden sind, alle Moderatoren kennen, obwohl sie nachmittags nie fernsehen, und eine absolute Lieblingsserie haben, die sie gegen alle Welt verteidigen.

PIPER

Manuel Vázquez Montalbán
Unmoralische Rezepte

Aus dem Spanischen von Stefanie Gerhold und
Albrecht Buschmann. 160 Seiten mit Illustrationen von
Manfred Bofinger. Geb.

Landläufig setzt man den Autor Vázquez Montalbán mit
seinem literarischen Geschöpf Pepe Carvalho gleich – und
das nicht ohne Grund: Als leidenschaftliche Freunde guter
Küche und verwandter sinnlicher Vergnügen sind sie nicht
zu übertreffen.
Gemeinsames Essen, so argumentiert Vázquez Montalbán,
wirkt aphrodisierend und fördert die Erotik. In freier
Assoziation erläutert er, warum sich Zucchiniblüten in
Bierteig besonders dazu eignen, rothaarige Schönheiten zu
becircen, warum eine Pilzpaté unvermeidlich zu noch höhe-
ren Genüssen führt, oder wie ein Omelett zum unendli-
chen Quell lasziver Phantasien werden kann. Mit Gespür
für das entscheidende Detail und einer guten Prise Satire
hat Vázquez Montalbán ein ungewöhnliches Kochbuch
zusammengestellt, das sich nicht nur vorzüglich zum
Nachkochen eignet, sondern auch Lust macht auf mehr...

JENS OLIVER HAAS BEI RAKE

JENS OLIVER HAAS & MARTIN PERSCHEID

If..., die wahre Geschichte der Welt

160 Seiten, Paperback,
vierfarbig illustriert
DM 19,80
ISBN 3-931476-25-1

If..., das ist lebendige Geschichte für Zweifler, Spötter und Phantasten. Verfolgen Sie in 15 Kapiteln vom Urknall bis zur Wiedervereinigung die Menschheitsgeschichte. Lesen Sie, daß die Markomannen in den Neckermannen fortleben, daß die Wiedervereinigung ein Übersetzungsfehler war und Neil Armstrong eigentlich Nell hieß. Erfahren Sie die Antworten auf Fragen, die von Historikern, Wissenschaftlern und der Kirche hartnäckig verschwiegen werden. Und werfen Sie nebenbei einen ironischen Blick auf Sinn und Unsinn des Lebens. Haas und Perscheid haben ihre Köpfe zusammengesteckt, und herausgekommen ist die witzigste Geschichtsschreibung unserer Zeit!

Mit Bildern von Martin Perscheid!

RAKE

VERLAG

Rake Verlag GmbH • Königsweg 20 • 24103 Kiel
www.rake.de
... ist der Verlag für junge Literatur und Satire!